Francisco Javier Fernández Martín
ISBN: 9798856988801
ISBN Tapa Dura: 9798856988955

I0842042

ÍNDICE

1.- Aspectos básicos de Illustrator.

Trabaja con vectores, es capaz de tratar fotografía de un modo limitado, dado que para eso está Photoshop, se podrán hacer logos, troqueles, diseños de carpetas, dípticos, trípticos etc.

Trabajaremos con pantones, ni CMYK, ni RGB.
Utilizaremos las Solid Coated; Solid Uncoated.

Utilizaremos herramientas de dibujo, para poder defendernos, no es necesario aprender a dibujar como tal, lo más sencillo es dar color o calcar.

Formatos para pasar de Photoshop a Illustrator es: **PDF** (formato multiplataforma, se abre en cualquier sistema operativo (adobe acrobat extreme)), **PSD**, **TIF** (formato de imagen sin compresión), **JPEG** (imagen con compresión, significa que pierde calidad), hay más tipos, pero estos son los de mayor calidad.

Cuando trabajemos con Ilustrator, acabaremos el archivo y lo llevamos a imprimir, el modo de trabajo es el siguiente:

- Crear carpeta con el nombre de Ilustrador.
- Dentro de ella:
    - Crearemos una nueva carpeta que se llame *tipos.* En ella meteremos las *tipografías (fuentes de windows).*
    - Hay que crear otra carpeta (solo si el documento Ilustrator contiene imágenes de mapa de bits). En ella meteremos todas las imágenes que contenga el documento. (TIF, JPEG, PDF…)
    - El documento de illustrator. (*.AI)

2.- Menú Archivo:

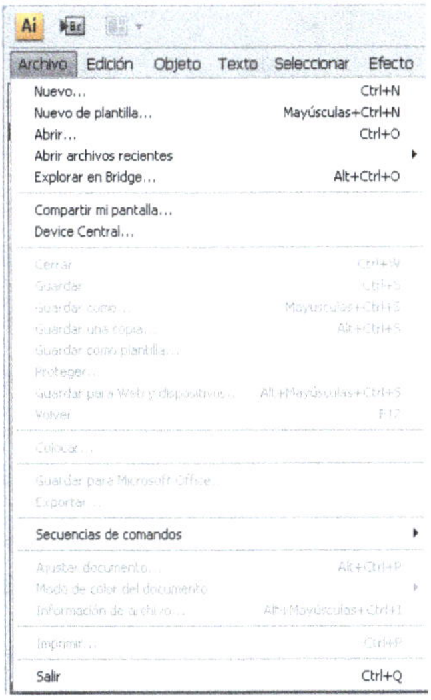

Creando documentos:
Archivo nuevo:

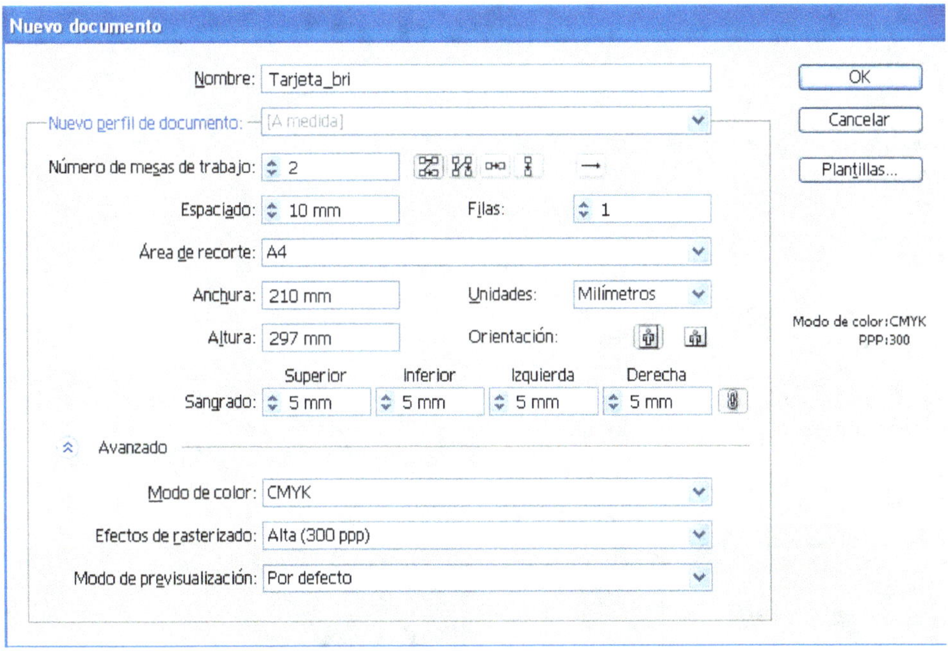

Los perfiles se acomodan a dispositivos de salida, el perfil que usaremos será el de imprimir (300ppp), además, los canales de salida (canales de color) son 4.
Número de mesas de trabajo: cantidad de páginas por archivo. (En versiones anteriores al CS4 no existía esta posibilidad.
Espaciado: distancia de una página a otra.

Filas: cantidad de filas que habrá dependiendo de las páginas que pongamos. (dividirá las páginas por filas, poner X páginas en cada fila)
Tamaño: Tipo de papel.
Si no hay ninguna acorde a lo que queremos, escribiremos en anchura y altura los tamaños que queramos.
Orientación: Vertical, horizontal.
Sangrado: Parte del documento que será impreso pero no es parte del original. Se utiliza cuando mi documento irá al borde. ¿Cuánto sangrado debemos dar a un documento? 5mm por cada lado, no es estándar pero casi.

Daríamos a aceptar, y tendríamos algo así:

Las rayas rojas simbolizan el sangrado.
Las zonas de colorido:

Relleno: el que sale marcado como blanco.
Contorno: la zona que sale negra y gris.

Para cambiar el color:
Si hacemos clic con el botón izquierdo saldrá:

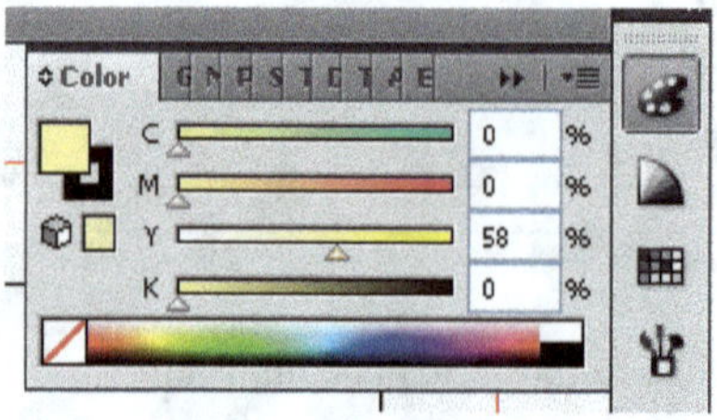

Si damos 2 clics:

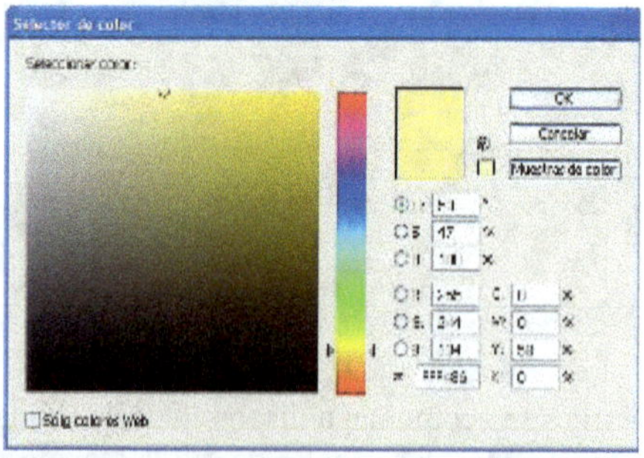

Ahora hagamos un rectángulo:

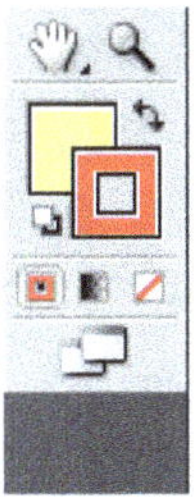

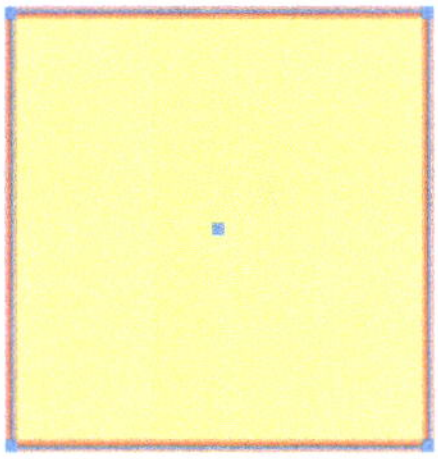

Para poner el blanco y negro (colores por defecto): 

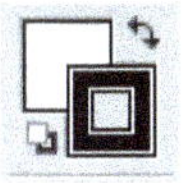

Si quisiéramos sacar los pantones:

Ventana muestras:

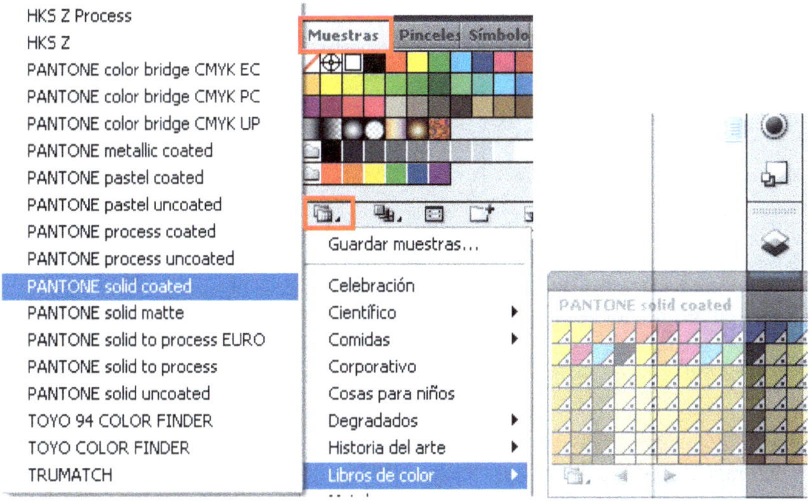

2.1.- Creando nuestro primer rectángulo.

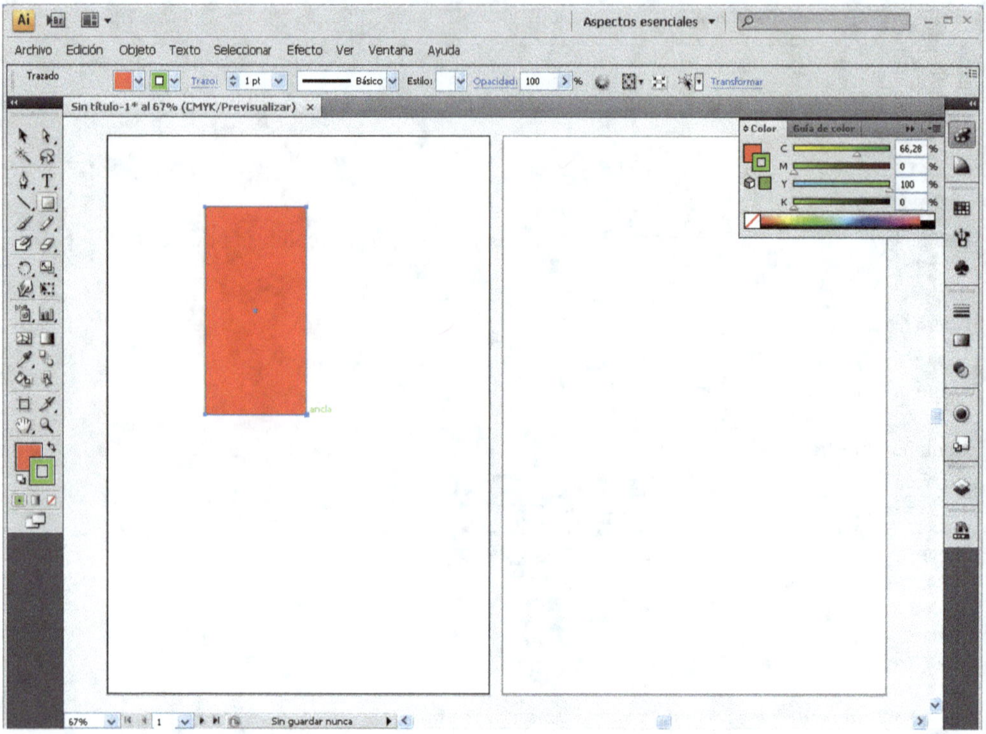

En la parte superior saldrán las opciones del rectángulo:

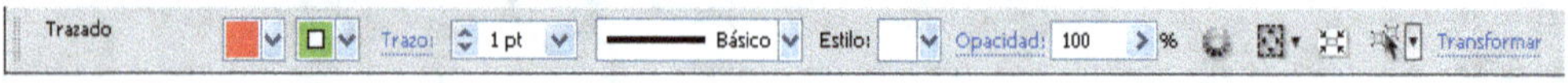

Relleno, contorno, tamaño del trazo, tipo de líneas del trazo, estilo, opacidad…
Los tipos de líneas del trazo se pueden modificar:

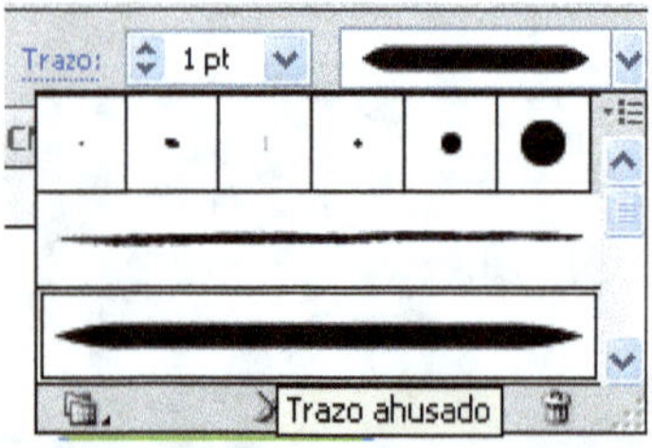

Hacemos doble clic en la línea. Tiempo más adelante veremos cómo crear tipos de líneas.
Se puede cambiar la opacidad de cada pieza, si se aplica, se aplicará tanto al relleno como al contorno.
La opción de transformar: podremos dar un tamaño y colocación del objeto.

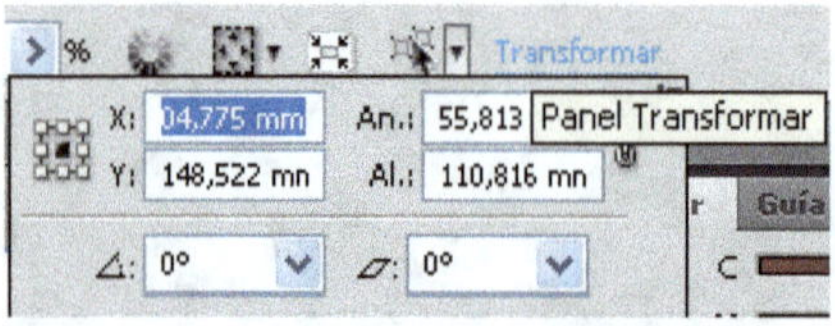

→ cambiamos el EJE X-Y, para que el punto 0 sea abajo a la derecha, arriba a la izquierda… y no en el centro.

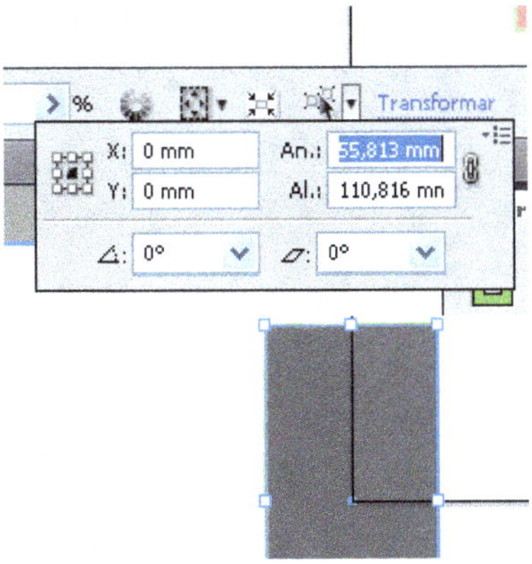

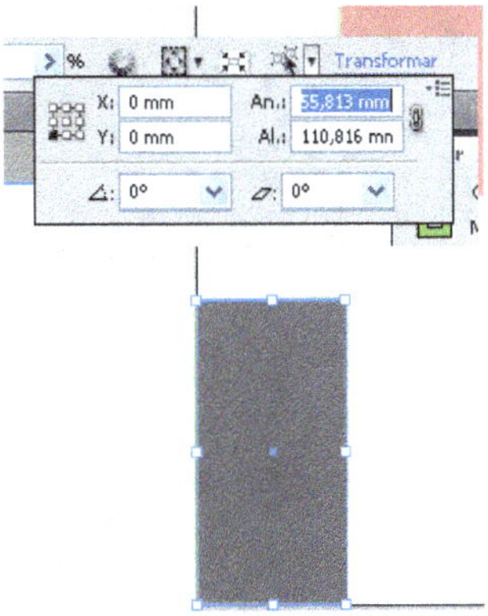

Si hacemos clic sobre el icono del rectángulo:  y hacemos clic en la parte del documento, nos saldrá una opción para ponerle medidas al rectángulo:

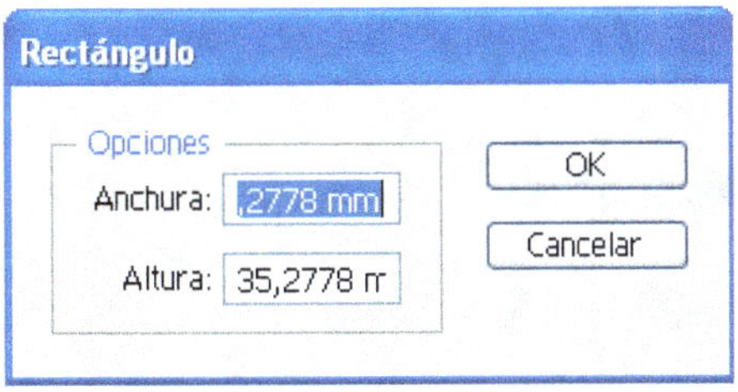

Si presionamos shift + alt nos creará el cuadrado/rectángulo partiendo del centro, haciéndolo simétrico en todas partes.

3.- Polígonos.

Podemos elegir más tipos de polígonos:

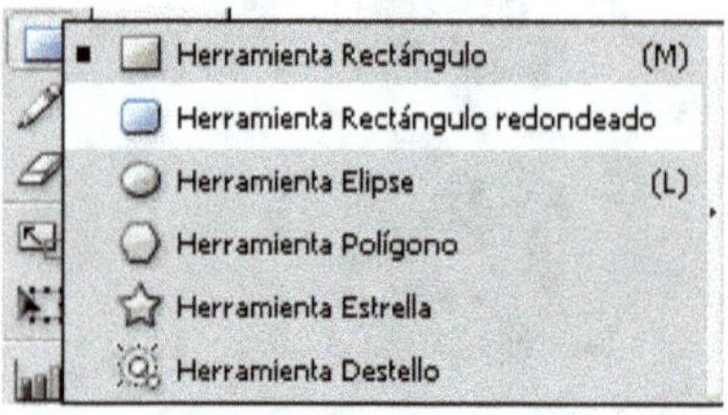

Describir las opciones de cada herramienta, teniendo en cuenta que lo creamos haciendo clic en el área de trabajo:

Rectángulo redondeado	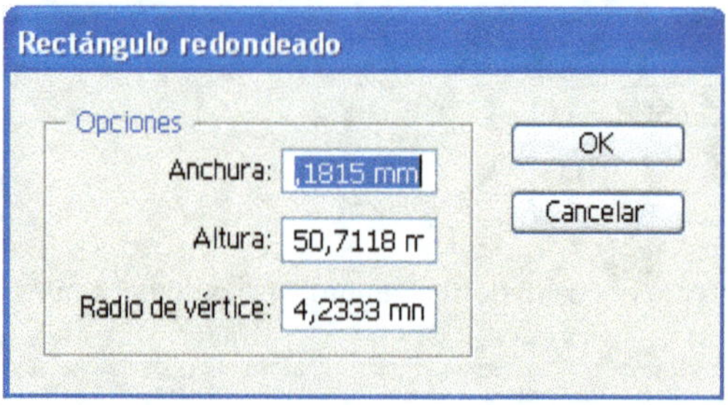Rectángulo redondeado Opciones Anchura: ,1815 mm Altura: 50,7118 m Radio de vértice: 4,2333 mn OK Cancelar	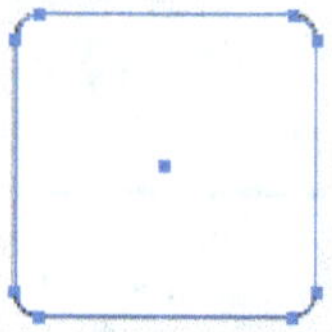
Elipse	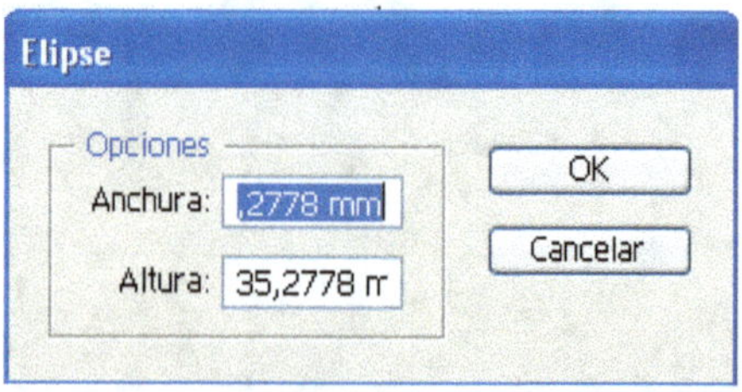Elipse Opciones Anchura: ,2778 mm Altura: 35,2778 m OK Cancelar	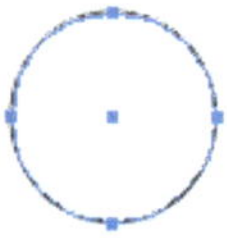
Polígono	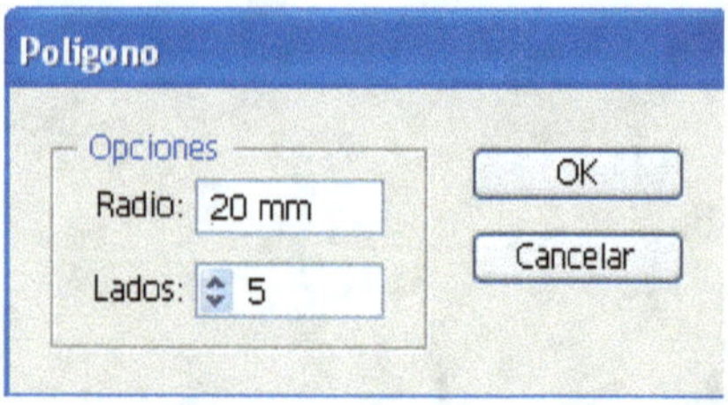Polígono Opciones Radio: 20 mm Lados: 5 OK Cancelar	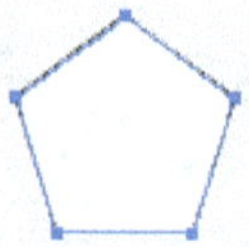

Estrella	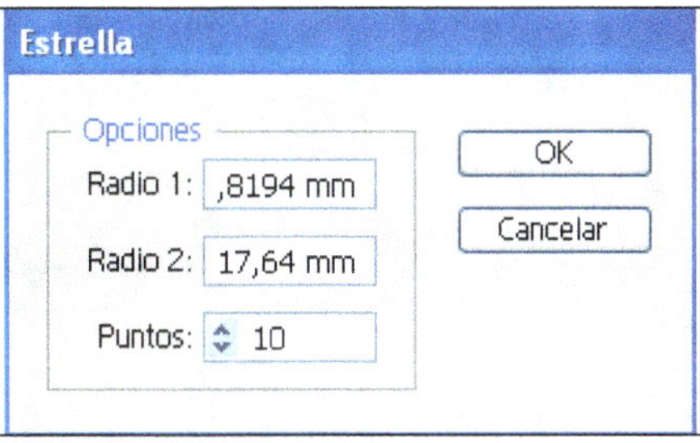	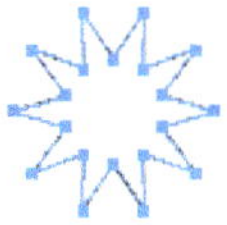
Destello	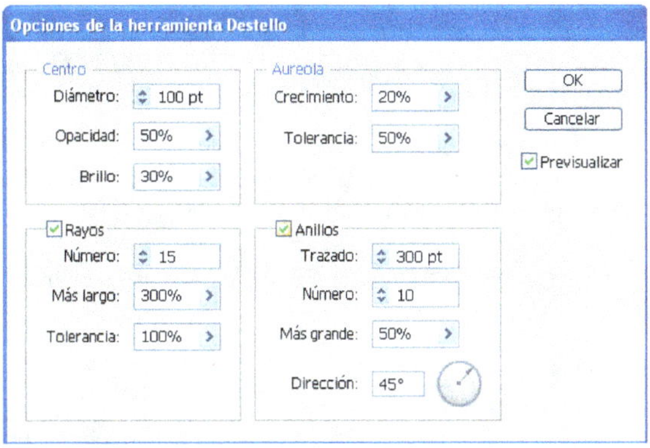	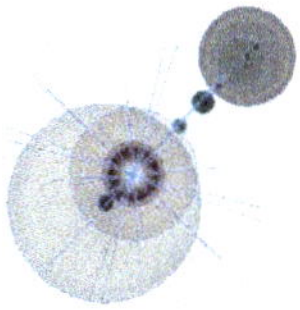 Si lo hacemos pinchando, el primer clic es el destello, y el siguiente es el haz de luz.

Supongamos que queremos alinear las figuras… (Ventana / alinear)

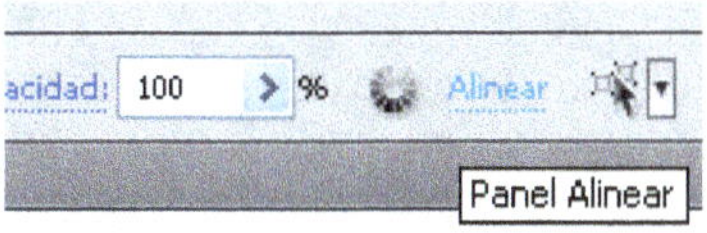

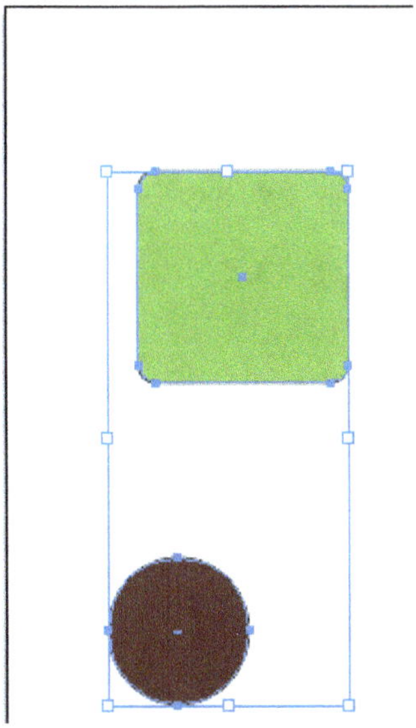

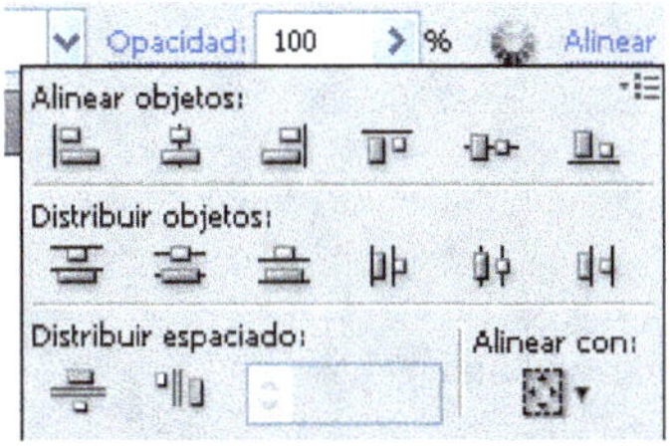

Ahora lo veremos desde el menú ventana:

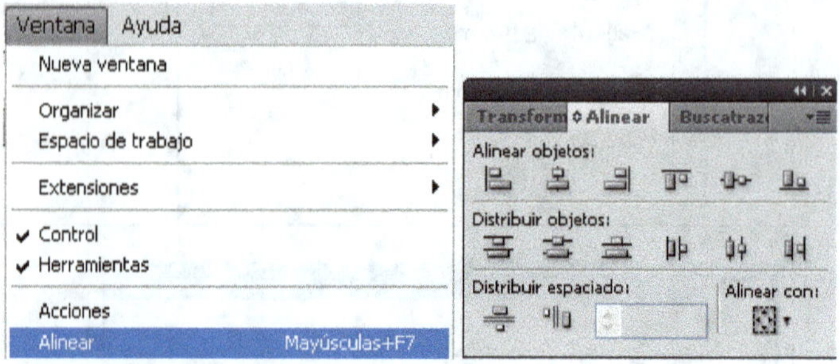

Debemos seleccionar todas las figuras que queramos…
Alinear objetos: Colocar los objetos en función del objeto que se encuentre en el extremo definido.
Distribuir objetos: Mide las distancias entre un objeto y otro, dándole la misma distancia a cada objeto.
Distribuir espaciado: Espaciado entre los objetos (distancia respecto a un objeto)

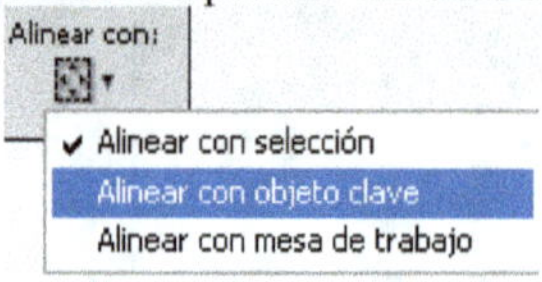

Alinear con: si definimos respecto a un objeto, quedará de una forma distinta que si lo alineamos respecto a la mesa de trabajo.

Los polígonos se pueden rellenar con cualquier tipo de color, tambien podemos elegir un degradado.

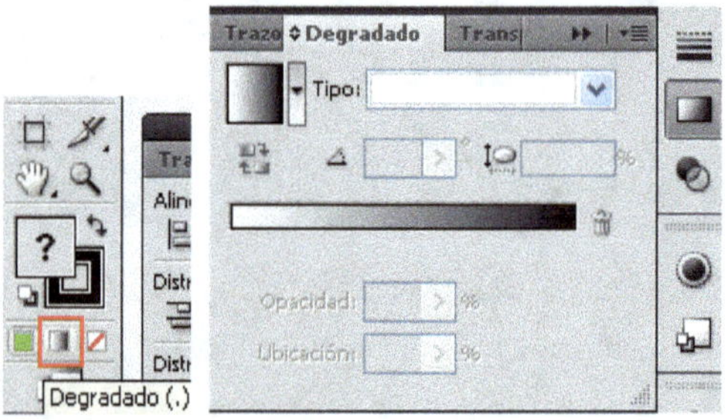

¿Cómo se guarda un degradado? Una vez está es la ventana de configuración del degradado. (para quitar un punto de anclaje de color, pinchas y arrastras hacia fuera, para añadirlos con hacer clic en la barra de color valdría).Con el diamantes podríamos cambiarle la transición. (queda pendiente ordenar y completar esto), tengas el degradado, das a al desplegable y das a guardar (donde está el disquete).

4.- Ventana Trazo.

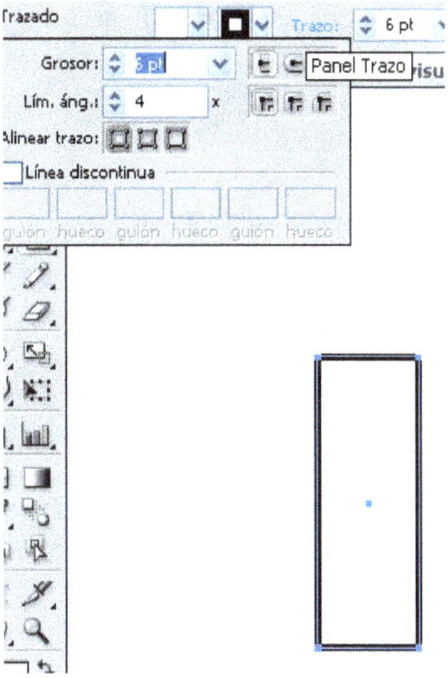

Grosor: Tamaño del contorno.

Lím. Áng.: dar tamaño al ángulo de los rectángulos, ajusta las esquinas del rectángulo.

Alinear trazo: ajustar el trazo a una posición dentro de la figura.

Línea discontinua: conseguir que el contorno no sea una línea recta.

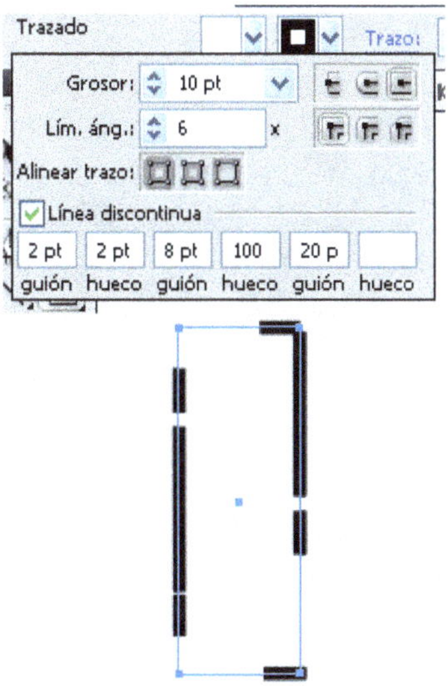

Herramienta de selección/subselección:

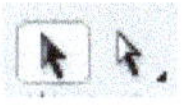

Con el primer puntero: se pincha y se selecciona.

Con el puntero blanco: Seleccionaremos solo un punto de la figura:

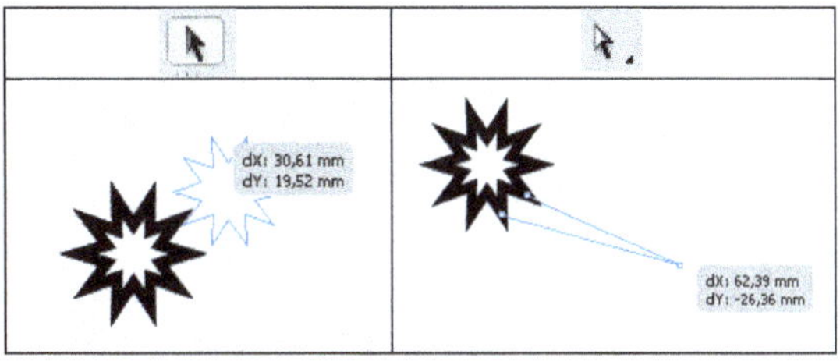

4.1.- Capas.

La organización de las capas funciona totalmente distinta, cada objeto que creamos no lo crea en una capa, si no que lo crea dentro de cada capa:

Capa 2/Capa 1 → Capas que contiene el documento.
<Archivo enl…/<Trazado> → lo que contiene en este caso la capa 1.

Los ojos tienen el mismo sentido que en Photoshop:

Con el ojo activo, visualizaremos el contenido.

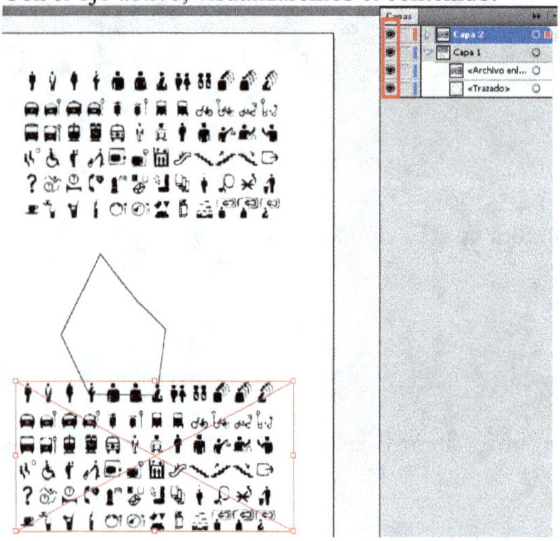

Por el contrario, si el ojo no está activado, no visualizaremos su contenido:

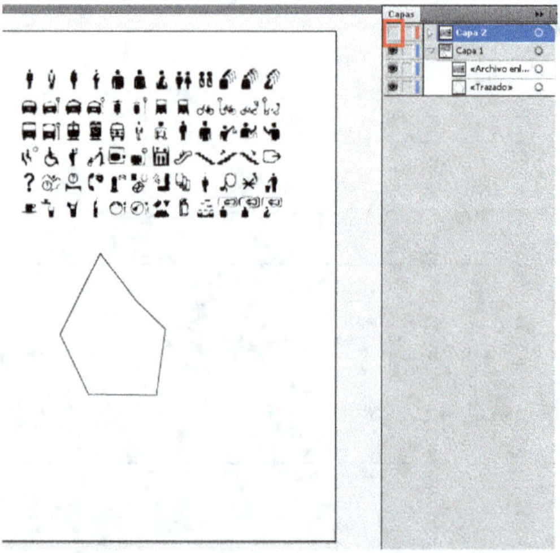

Debemos tener en cuenta qué ojo estamos activando y cual no, si activamos o desactivamos el ojo que pertenece a una capa, todo el contenido de ésta se dejará de visualizar:

Por el contrario, si lo que desactivamos es una de las partes de la capa, solamente se dejará de ver ésta:

Activado:

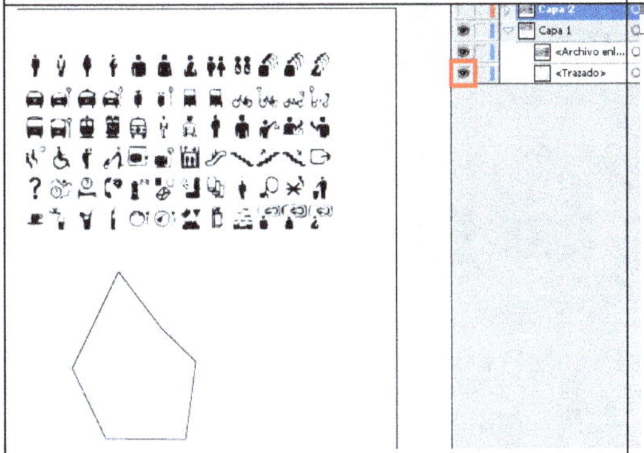

Desactivado:

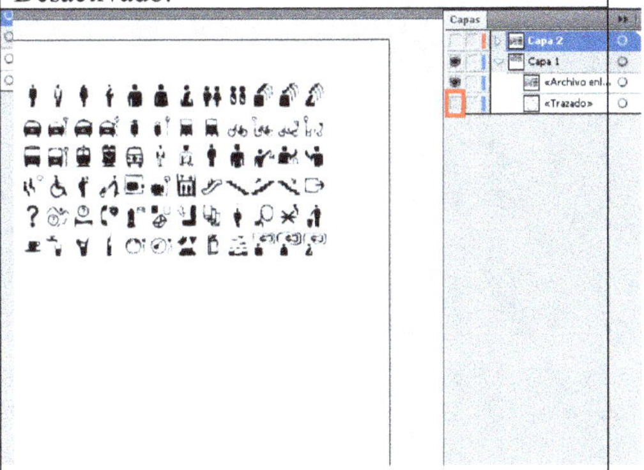

El candado (El cuadrado que hay a la derecha del ojo) sirve para que no se pueda seleccionar, si éste está activado:

Con el candado activado, en este caso, el trazado no podrá seleccionarse:

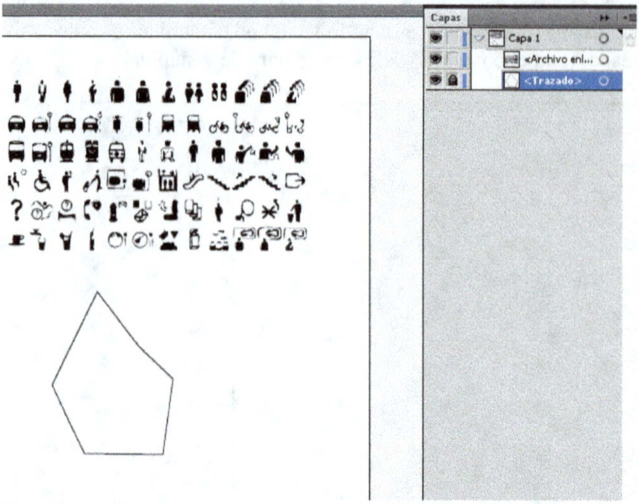

Si por el contrario, ahora desactivamos el candado, podremos mover el objeto seleccionado:

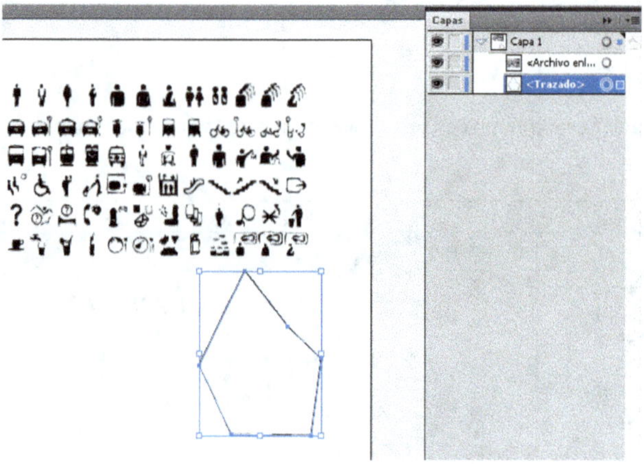

Las capas pueden moverse, unas encimas de otras, similar a Photoshop, para que así se visualicen unas por encima de otras:

Supongamos esta configuración de capas:

Dentro de la Capa 1, tenemos 3 trazados, formando rectángulos, y un archivo enlazado.

Supongamos que tenemos la mesa de trabajo así repartida:

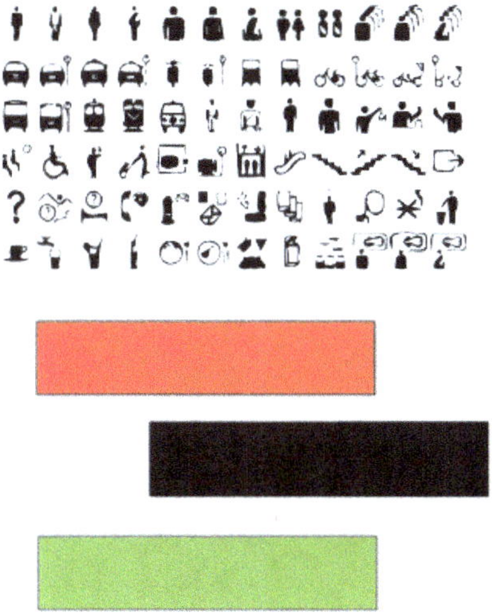

Y lo que queremos conseguir es que el cuadro rojo esté por encima de todos los demás, el verde en segundo lugar, y el negro en tercero, dejando como fondo el archivo enlazado:

Paso 1.- Colocar la capa del rectángulo rojo en primer lugar:

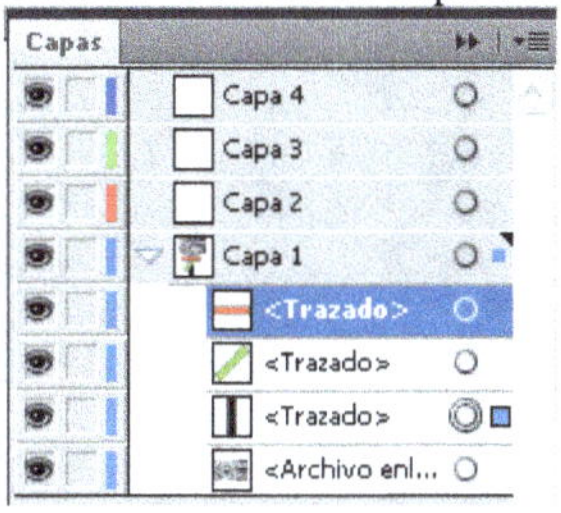

Observamos lo que hemos hecho, simplemente con hacer clic y arrastras en el objeto: <trazado> rojo, lo movemos hacia arriba y ya lo tenemos en primer lugar.

Así mantendríamos el orden que hemos querido establecer.

Quedaría este resultado:

Con las capas sería exactamente igual, cuando mayor sea la capa en la que tenemos el objeto, más arriba lo podremos encontrar. Veamos como quedaría ordenando cada objeto en una capa:

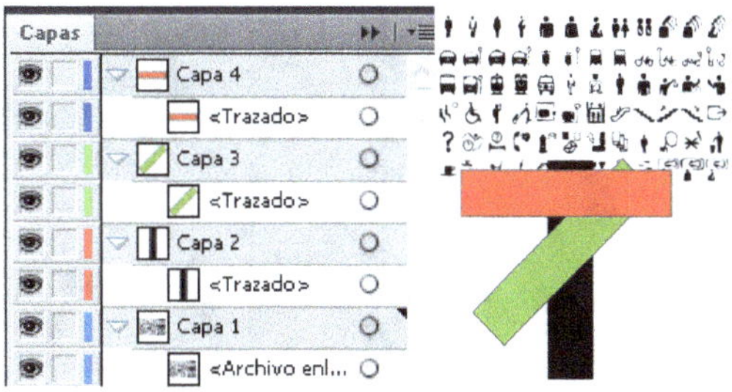

4.2.- La organización de los objetos.

La organización de los objetos no tiene mucha utilidad una vez vistas las capas, sin embargo explicaremos cual es el objetivo de este tipo de organización:

Podemos acceder desde 2 sitios:

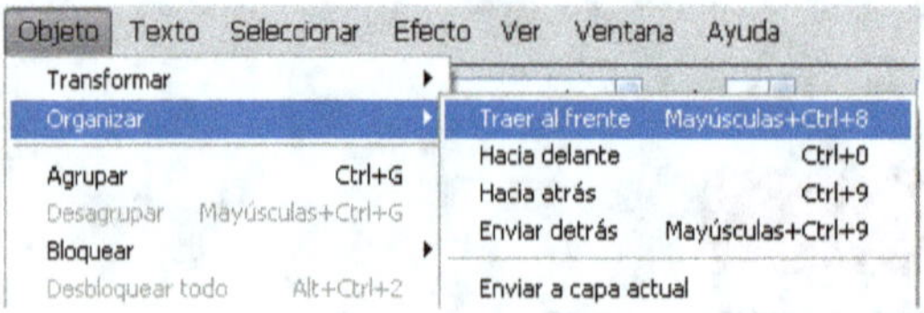

Y dando al botón derecho encima de cada objeto.

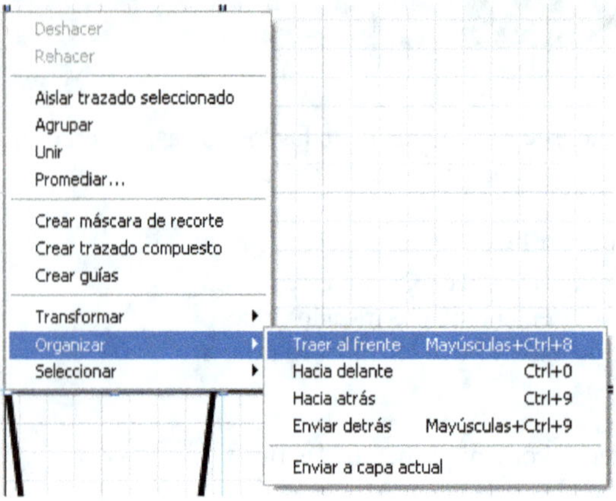

Este tipo de organización, funciona moviendo las capas:

Veamos un ejemplo:

Supongamos que tenemos estos objetos y esta distribución de las capas:

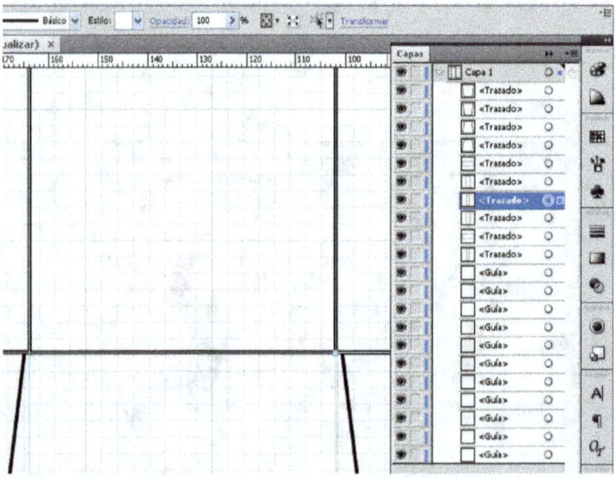

Ahora, daremos al botón derecho y veremos donde se coloca el trazado con la opción de: *traer al frente:*

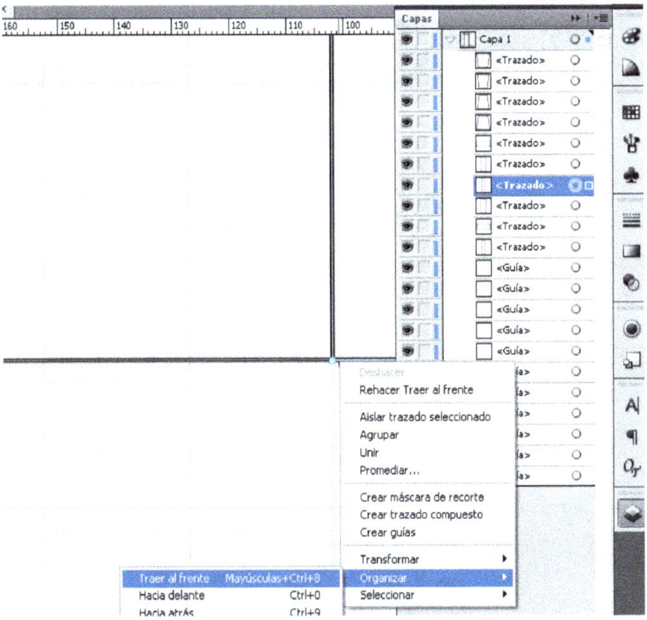

Ahora nos fijamos donde se encuentra la capa que acabamos de ordenar:

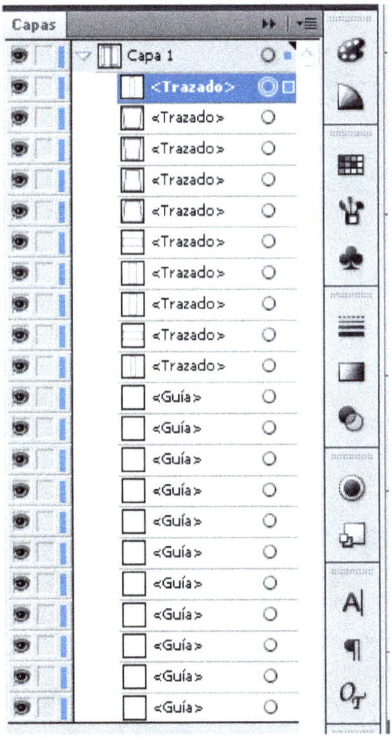

Paso 1	Paso 2	Paso 3
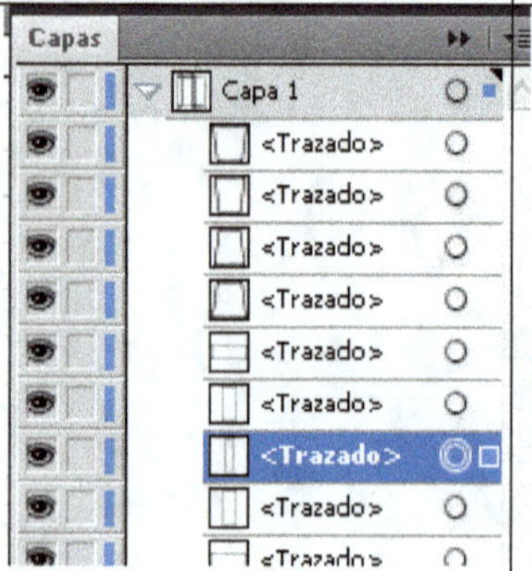	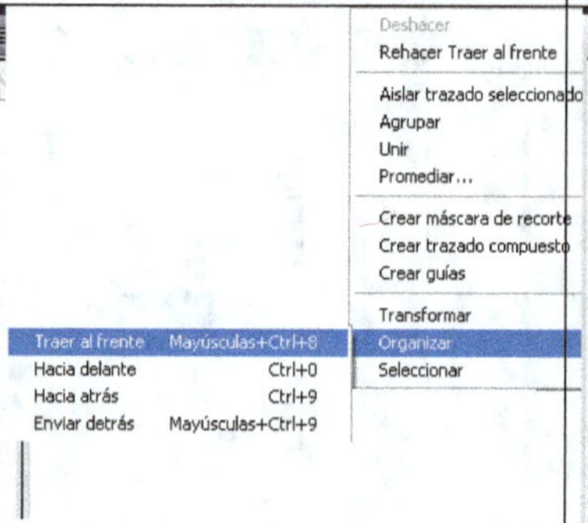	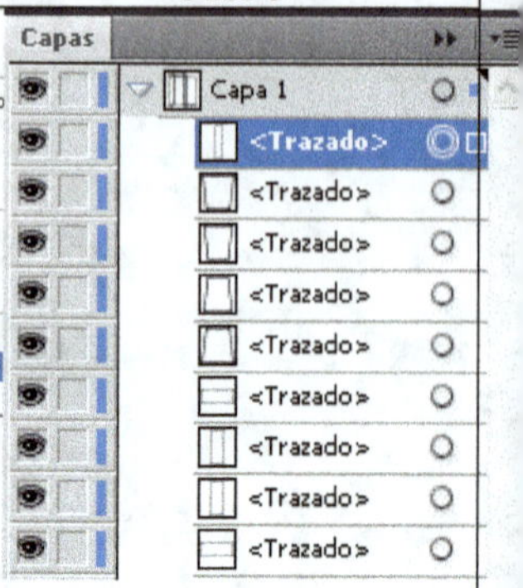

4.3.- La ventana atributos.

Para mostrar esta ventana:

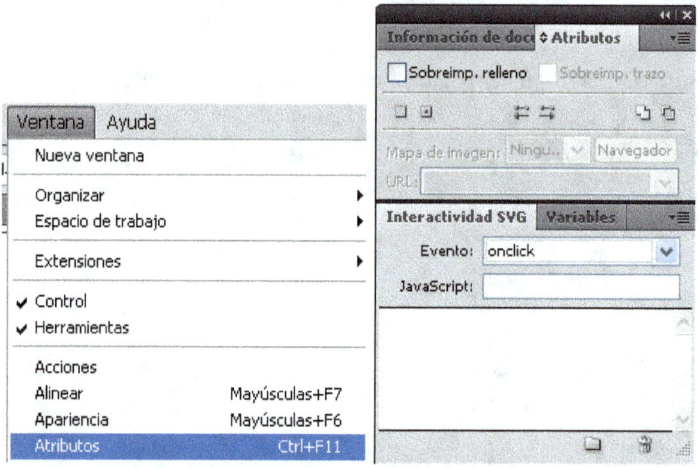

Tenemos la opción de sobreimpresión y la de mapa de imagen.
Sobreimpresión: estoes imprimir algo pro encima de otra cosa, es decir si ponemos un objeto encima de otro que uno sobreimprima en otro, es decir, que sea visible a la hora de imprimir.
Es decir, a la hora de imprimir, se juntarían los colores de ambas piezas, dando lugar a otro color que nada tiene que ver con el otro.
Para conseguir hacer "camas de colores" por ejemplo para negro, bastaría con ponerles un 100% de negro y un 40% de cian.

5.- Herramientas de dibujo básicas.

Herramientas línea:

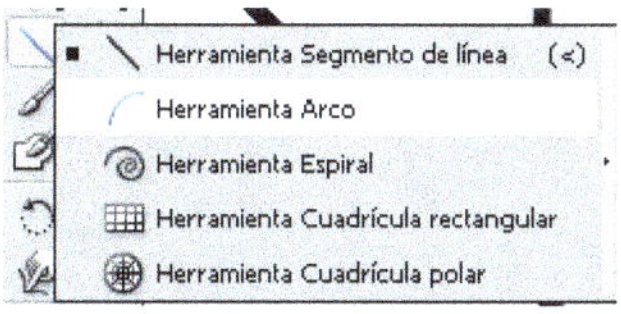

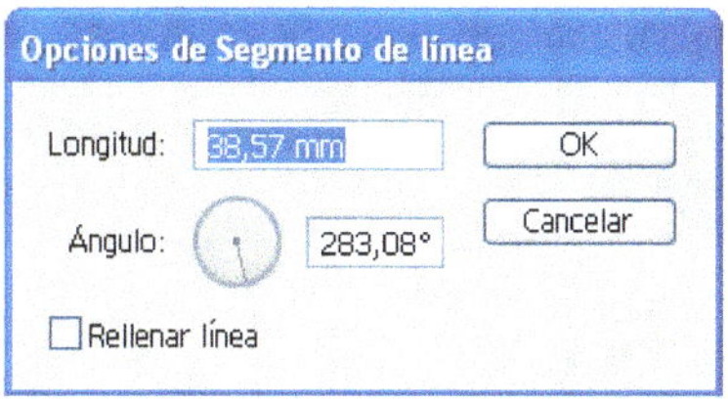

Longitud: Tamaño de la línea.
Ángulo: el ángulo que tendrá y hacia donde irá la línea.
Rellenar línea: Colorea la línea con el color de relleno.

5.1.- Herramienta arco.

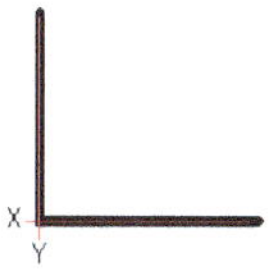

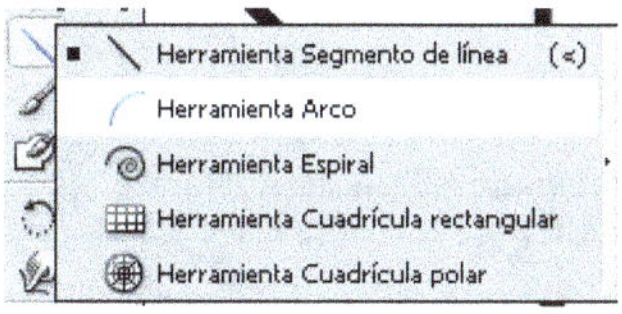

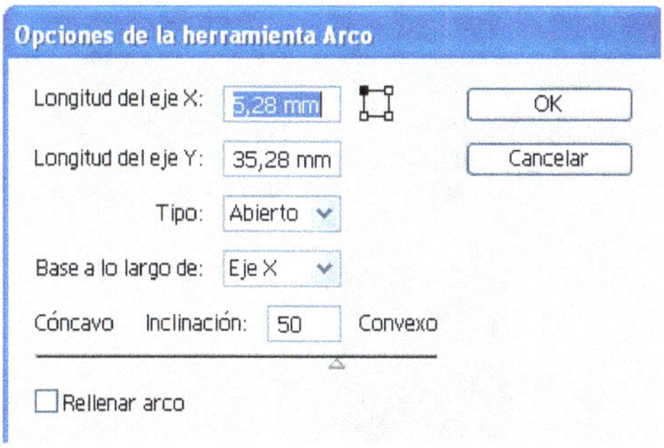

Longitud del eje X/Y:
Tipo:

- **Abierto:** Será un arco sin que sus extremos se junten.
- **Cerrado:** Será un político, forzando a que los extremos del arco se toquen

Base a lo largo de:

- **Eje X:** hacer el arco en función del eje x.
- **Eje Y:** hacer el arco en función del eje y.

Inclinación: cuanto menos sea el número, más tirará hacia arriba, y cuanto mayor sea el número más tirar hacia abajo, siempre intentado conseguir un ángulo de 90º.

5.2.- Herramienta espiral:

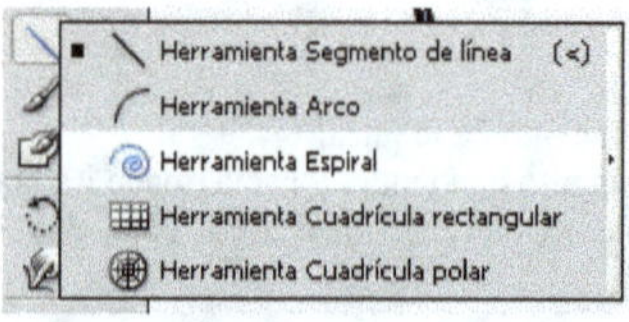

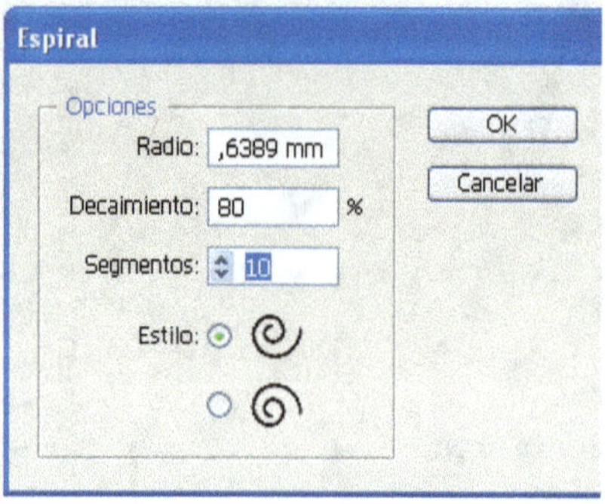

Radio: Tamaño del radio de la espiral.
Decaimiento: concentración de la espiral, a mayor % más distancia habrá entre las curvas de la espiral.
Segmentos: Cantidad de "círculos concéntricos" que tendrá la espiral.
Estilo: Hacia arriba, o hacia abajo.

5.3.- Herramienta cuadrícula rectangular.

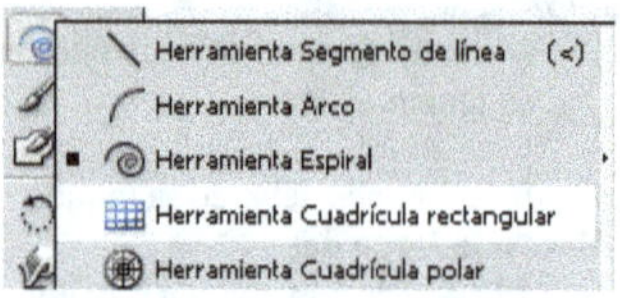

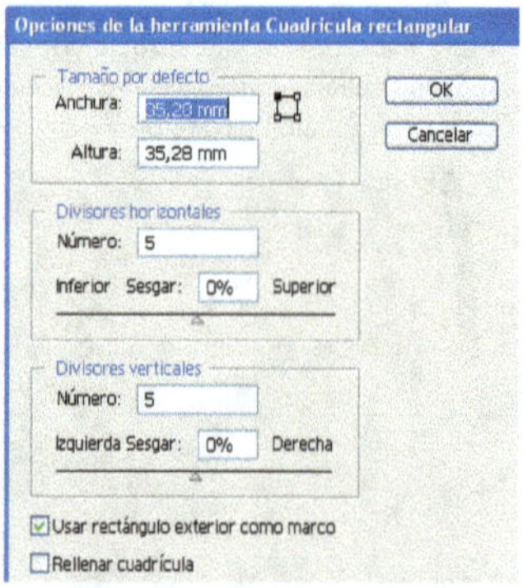

Anchura: ancho de la cuadrícula.
Altura: Altura de la cuadrícula.

Horizontal:
Número: Cantidad de celdas horizontales.
Sesgar: hacia donde inclinar las celdas.

Vertical:
Número: Cantidad de celdas verticales.
Sesgar: hacia donde inclinar las celdas.

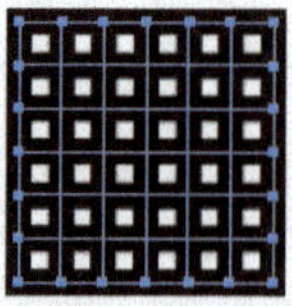

5.4.- Herramienta cuadrícula Polar.

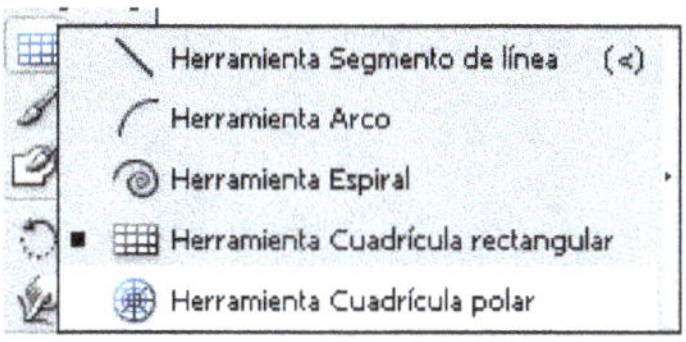

Anchura: ancho de la cuadrícula.
Altura: altura de la cuadrícula.

Divisores concéntricos:
Número: Cantidad de círculos concéntricos que compondrán la cuadrícula.
Sesgar: inclinación de obtención de espacio de cada celda circular.

Divisores radiales:
Número: Cantidad de celdas dentro de la cuadrícula.
Sesgar: inclinación de obtención de espacio de cada celda circular.

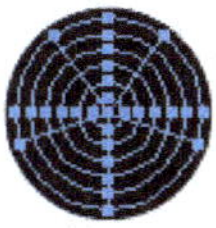

Ver Práctica 2-bici.

5.5.- Herramienta pincel.

Sirve para pintar.

Observemos sus propiedades:

* Si guardamos con un pantones y una opacidad distinta de 100%, dará un aviso al guardar dado que el color no será el mismo al imprimir.

Si hacemos doble clic en el pincel…

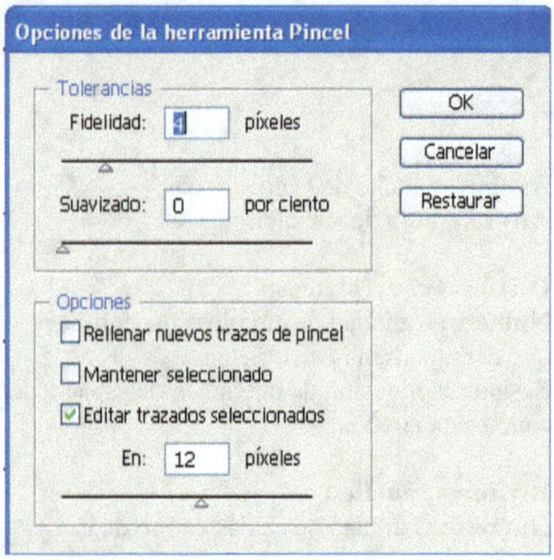
Opciones de la herramienta Pincel
Tolerancias
Fidelidad: 4 píxeles
Suavizado: 0 por ciento
OK
Cancelar
Restaurar
Opciones
Rellenar nuevos trazos de pincel
Mantener seleccionado
Editar trazados seleccionados
En: 12 píxeles

Probemos la fidelidad del pincel:

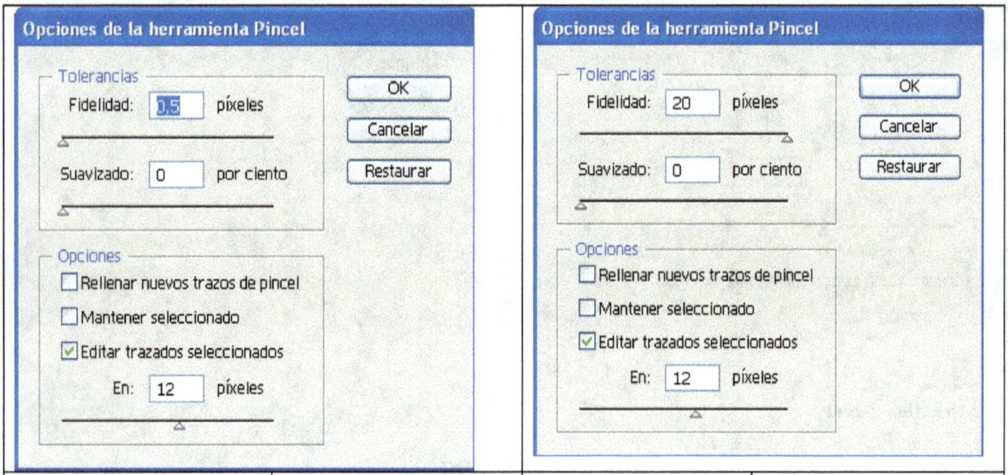
Opciones de la herramienta Pincel
Tolerancias
Fidelidad: 0,5 píxeles
Suavizado: 0 por ciento
OK
Cancelar
Restaurar
Opciones
Rellenar nuevos trazos de pincel
Mantener seleccionado
Editar trazados seleccionados
En: 12 píxeles
Opciones de la herramienta Pincel
Tolerancias
Fidelidad: 20 píxeles
Suavizado: 0 por ciento
OK
Cancelar
Restaurar
Opciones
Rellenar nuevos trazos de pincel
Mantener seleccionado
Editar trazados seleccionados
En: 12 píxeles

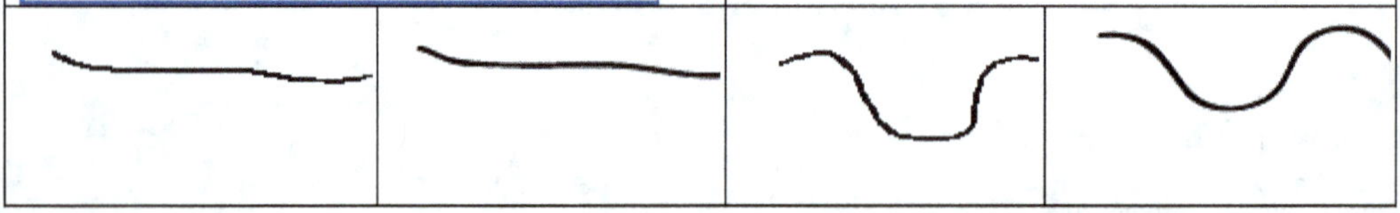

5.6.- Herramienta Lápiz.

Sirve para pintar, al igual que el pincel.

Opciones:

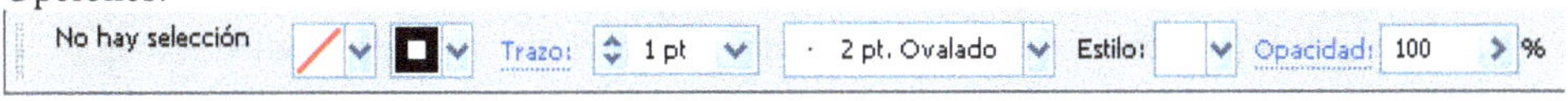

Si hacemos doble clic:

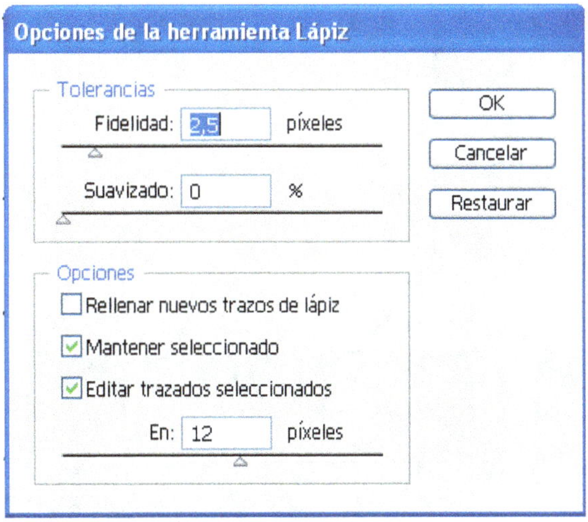

Veamos la fidelidad:

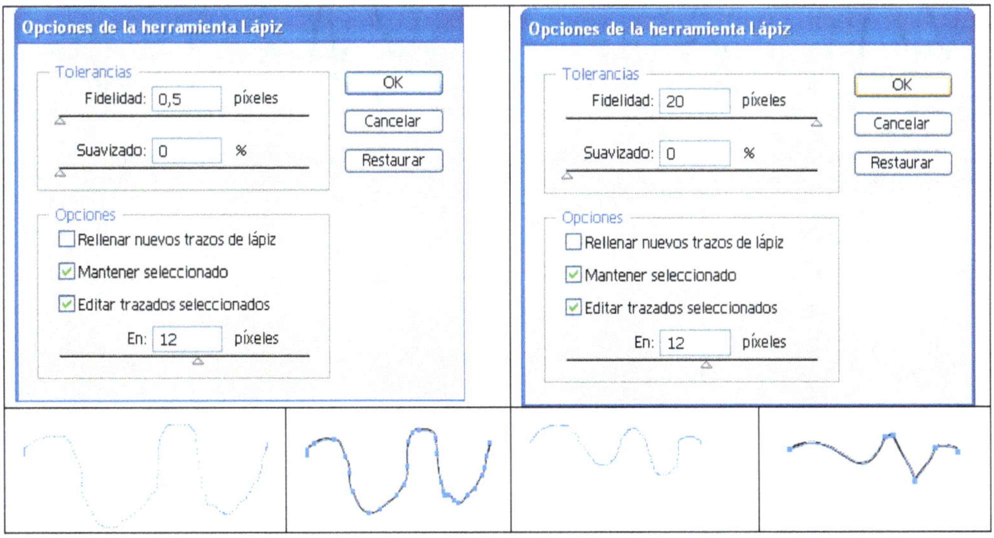

5.7.- Herramienta Suavizado.

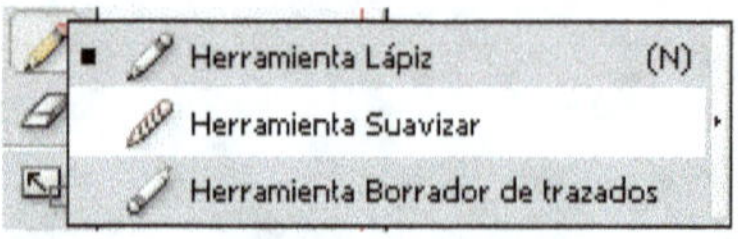

Sirve para suavizar líneas, consigue que los picos de unión entre líneas queden redondeados.

Opciones (dando doble clic):

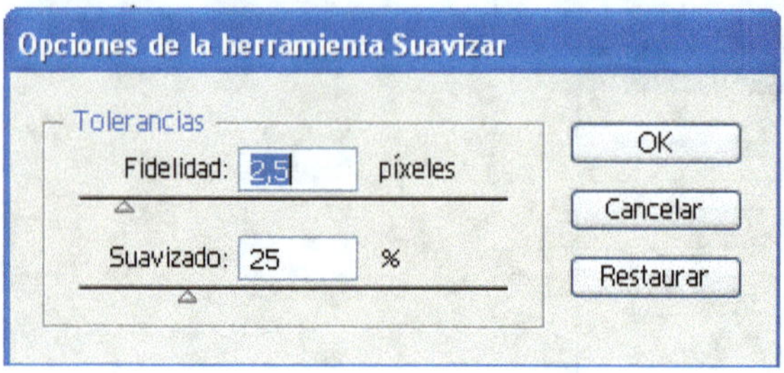

Veamos como queda en un ejemplo:

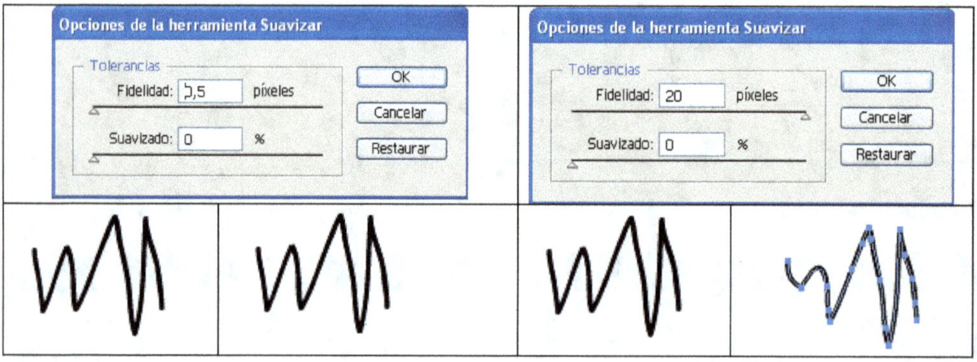

Este ejemplo está hecho con una sola pasada, si diéramos más iría tomando una curva más pronunciada.

5.8.- Herramienta borrador de trazados.

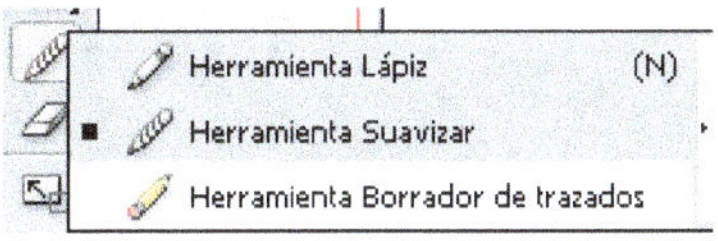

Conseguimos que elimine la parte "pintada" de un trazado:

Veamos un ejemplo:

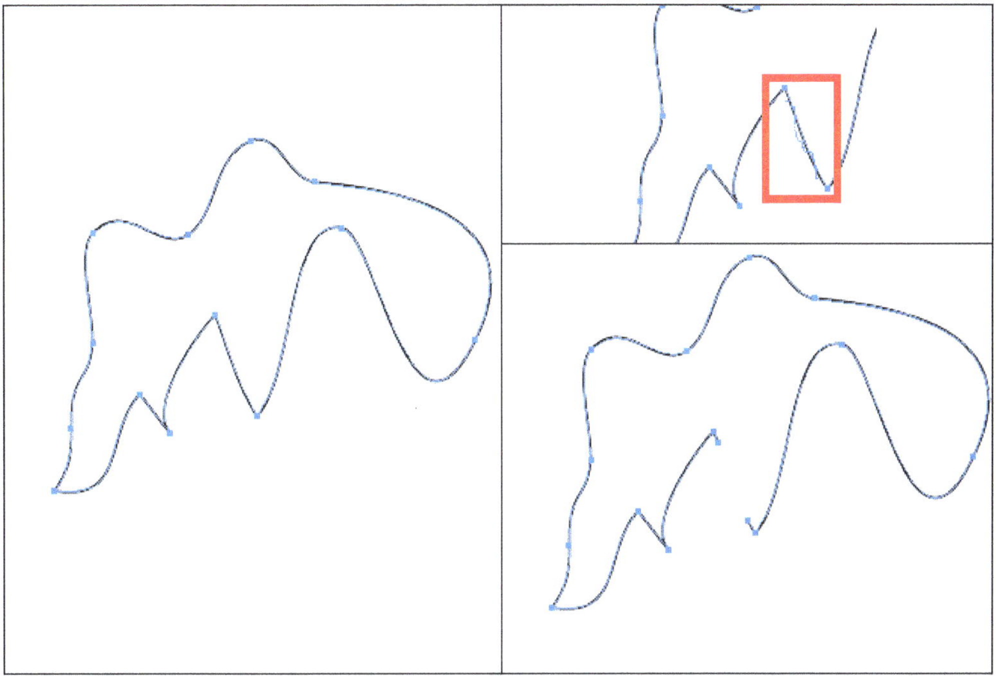

Es tan simple como ir "pintando" por encima del trazado, y esa parte es la que eliminará.

Esta herramienta no tiene opciones.

5.9.- Herramienta pincel de manchas.

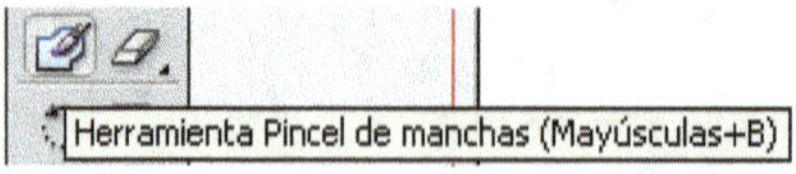

Es parecido al pincel anterior, pero tiene muchas más propiedades:
Hacemos doble clic:

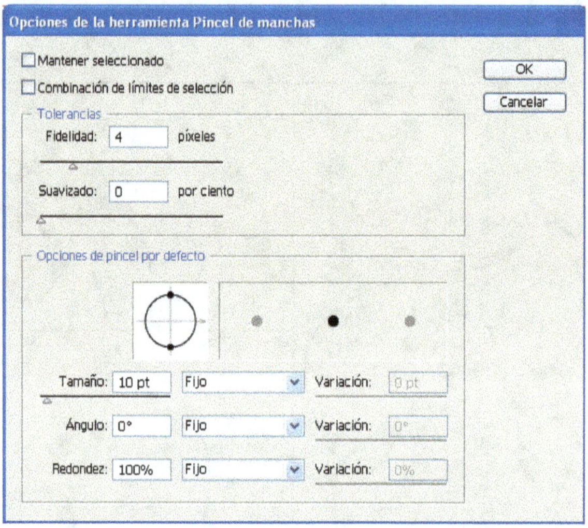

Veamos un ejemplo:

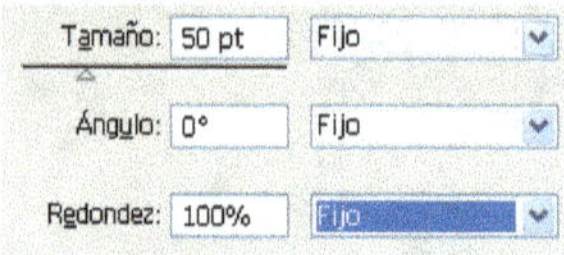 Tamaño: 50 pt Fijo Ángulo: 0° Fijo Redondez: 100% Fijo			
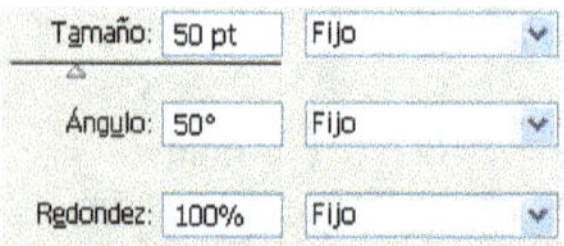 Tamaño: 50 pt Fijo Ángulo: 50° Fijo Redondez: 100% Fijo		Observamos que el ángulo no influye si la redondez es del 100%.	
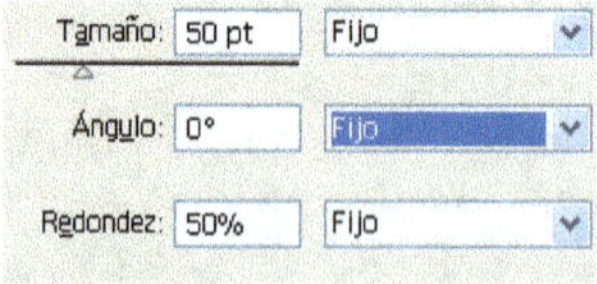 Tamaño: 50 pt Fijo Ángulo: 0° Fijo Redondez: 50% Fijo		Ahora observamos que al poner menos redondez el círculo es atachado.	
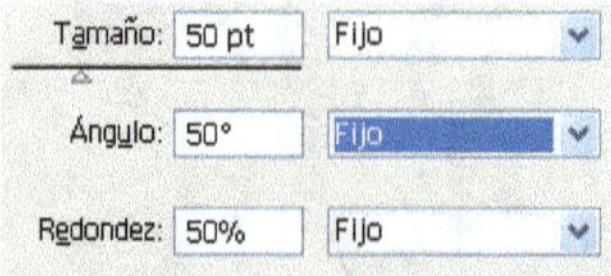 Tamaño: 50 pt Fijo Ángulo: 50° Fijo Redondez: 50% Fijo		El ángulo implica la inclinación que tendrá el dibujo:	

Simplemente iríamos dibujando en función de las opciones que le pongamos.

5.10.- Herramienta de corte, tijeras y borrador.

*** Hay que tener seleccionado el elemento.**

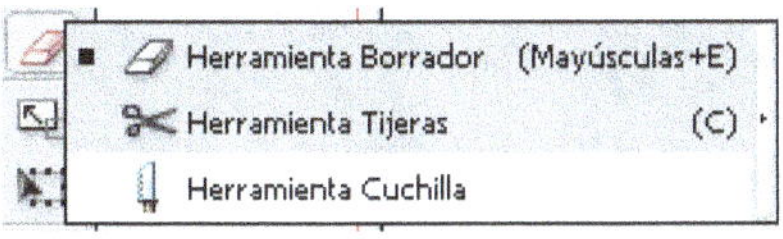

Usaremos de ejemplo este cuadrado:

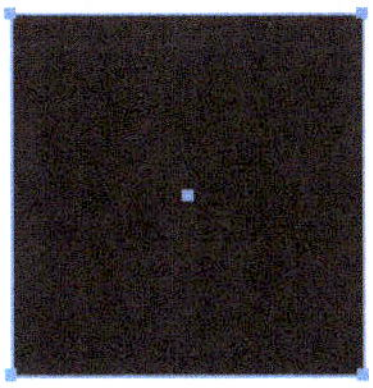

Borrador:

Sirve para borrar una parte de la figura, no solo el trazado de ésta, sino todo el relleno.

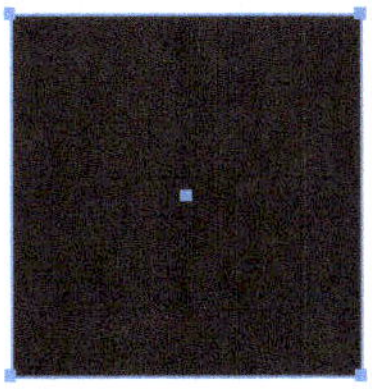	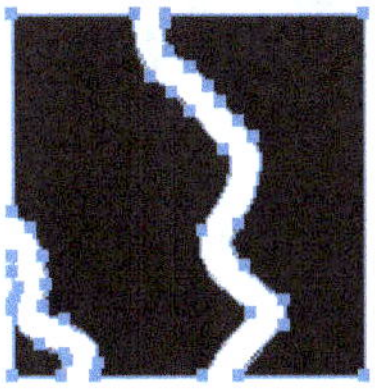

Tijeras:

Debes hacer clic en una parte del trazado, y seguidamente haces clic en otra parte, habremos conseguido tener 2 piezas. (Si crees que no lo ha cortado, deselecciona la figura, y vuelve a seleccinarla)

Figura	Primer clic de la tijera.	Primero y segundo clic.	Resultado
		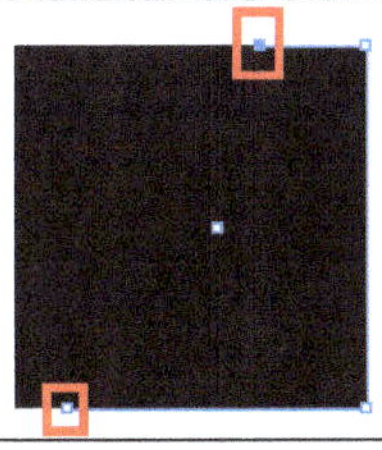	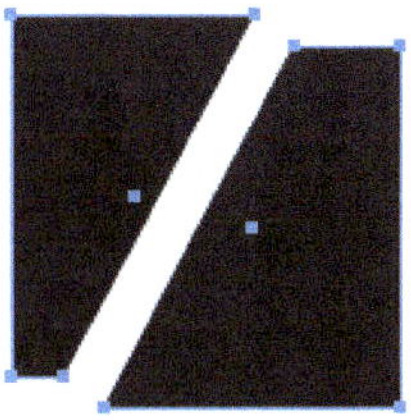

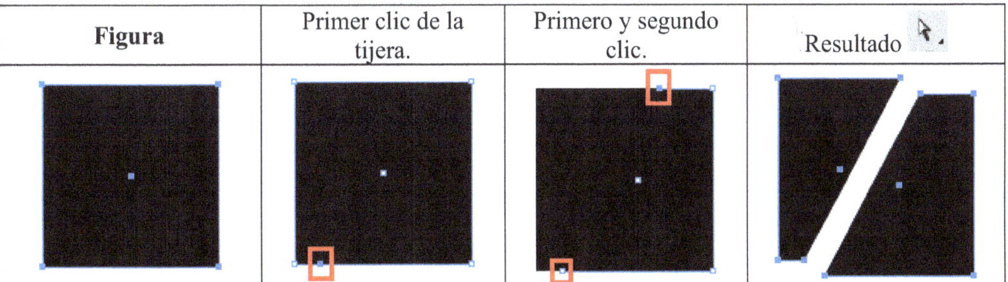

Observamos en el segundo paso, que se crea una pequña línea recta de unión entre ambos puntos de corte.

Cuchilla:

Es distinta a la tijera, la cuchilla corta en función del arrastre del ratón.
Debes hacer clic, y sin soltar arrastras la cuchilla, al soltar, finalizará el corte.

Figura	Primer clic	Primer clic + arrastre	Resultado al soltar el arrastre.
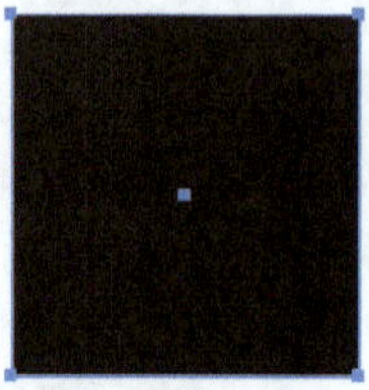	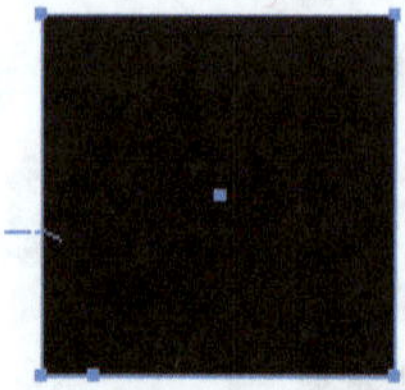	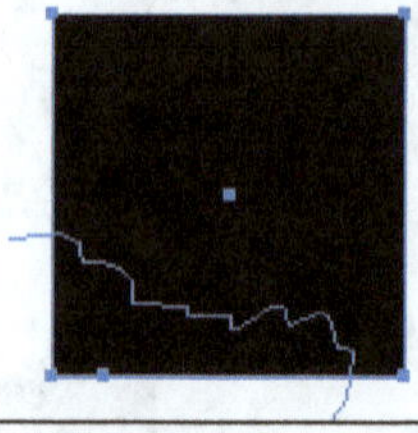	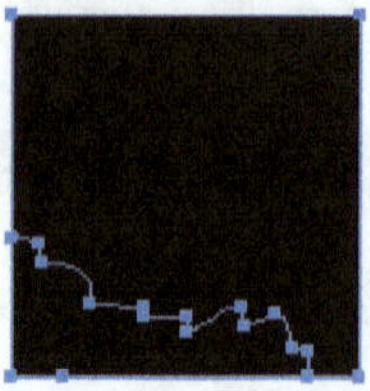

Si quisiéramos cortar con líneas rectas, deberemos presionar ALT + SHITF.

Figura	Primer clic + ALT + SHIFT + arrastre.
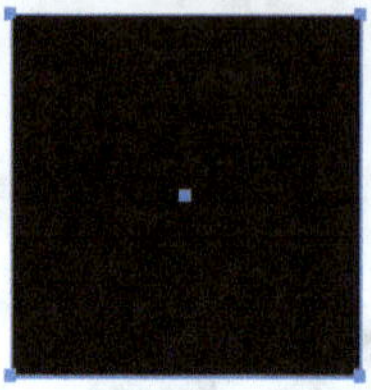	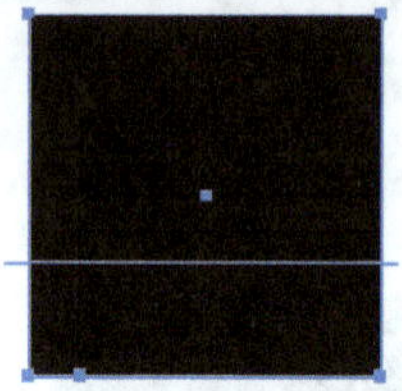

5.11.- Herramienta rotar y reflejar.

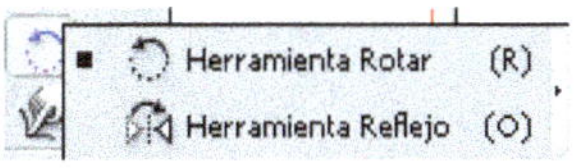

Rotar:

Sirve para girar objetos.

Si damos doble clic, podemos girarlo exactamente X ángulos:

<table>
<tr><td rowspan="2">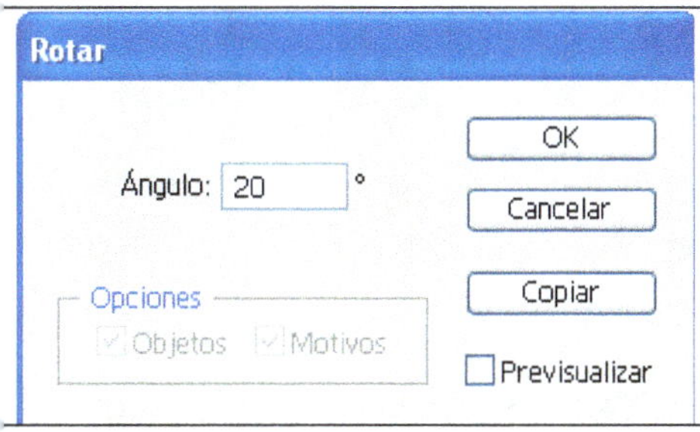
</td><td>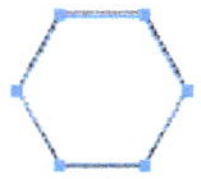</td></tr>
<tr><td></td></tr>
<tr><td></td><td></td></tr>
</table>

Reflejar:

<table>
<tr><td rowspan="3">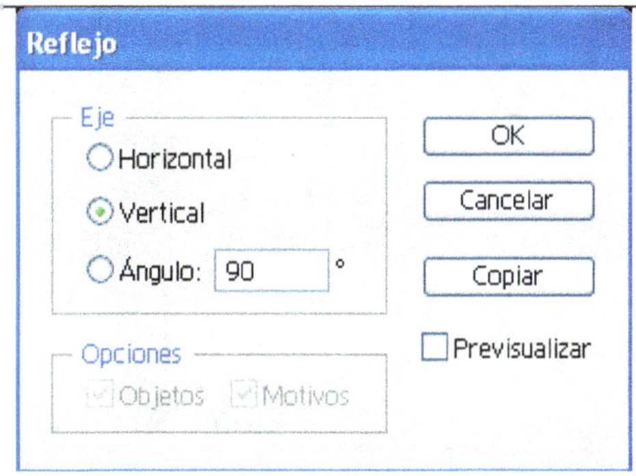
</td><td>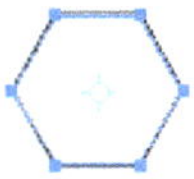</td></tr>
<tr><td>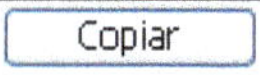

(en vez de dar a OK, daremos a copiar, así obtendremos un polígono igual, pero reflejado)</td></tr>
<tr><td>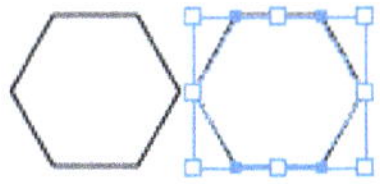</td></tr>
</table>

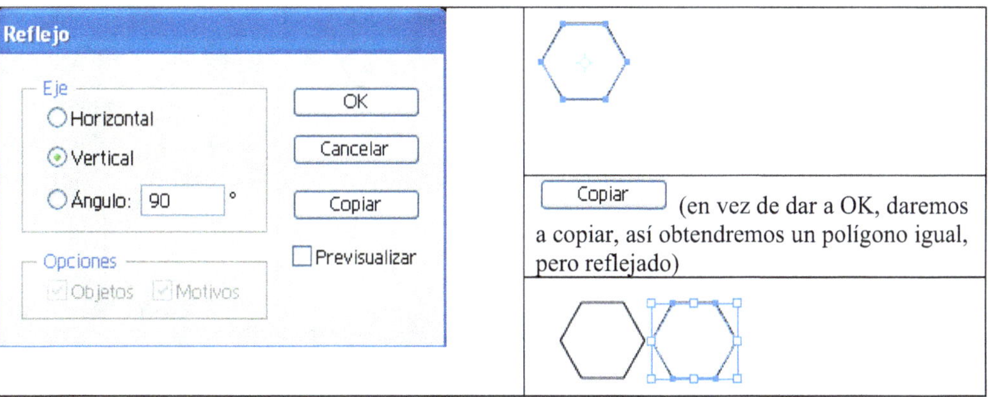

5.12.- Herramienta escalar, Distorsión y Reformar.

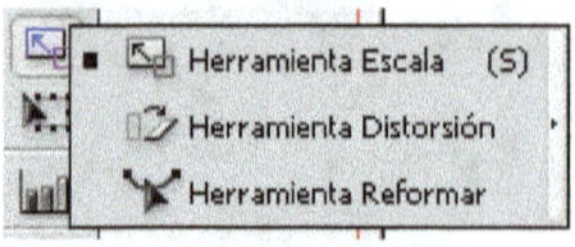

Escalar:

Sirve para aumentar las imágenes.

Al dar doble clic, entramos en sus opciones:

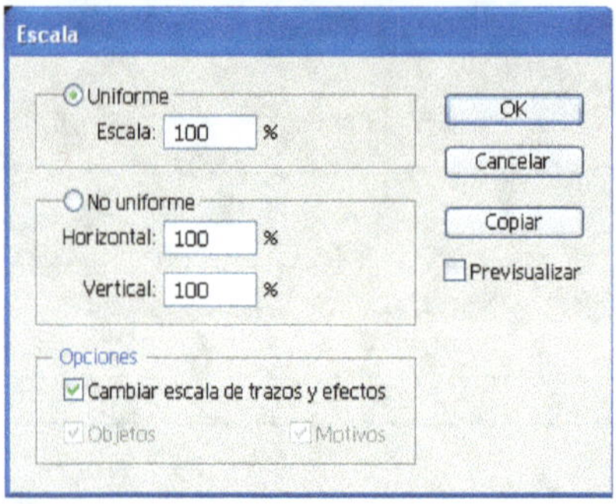

Uniforme: Amplia o disminuye la pieza tanto en horizontal como en vertical a las mismas distancias.
No uniforme: Sirve para ampliar o disminuir la figura independientemente cada lado.

La opción de escala de trazos y efectos deberemos marcarla siempre que queramos que también se escale el trazo, además del relleno de la figura, y lo mismo con sus efectos…
Veamos unos ejemplos:

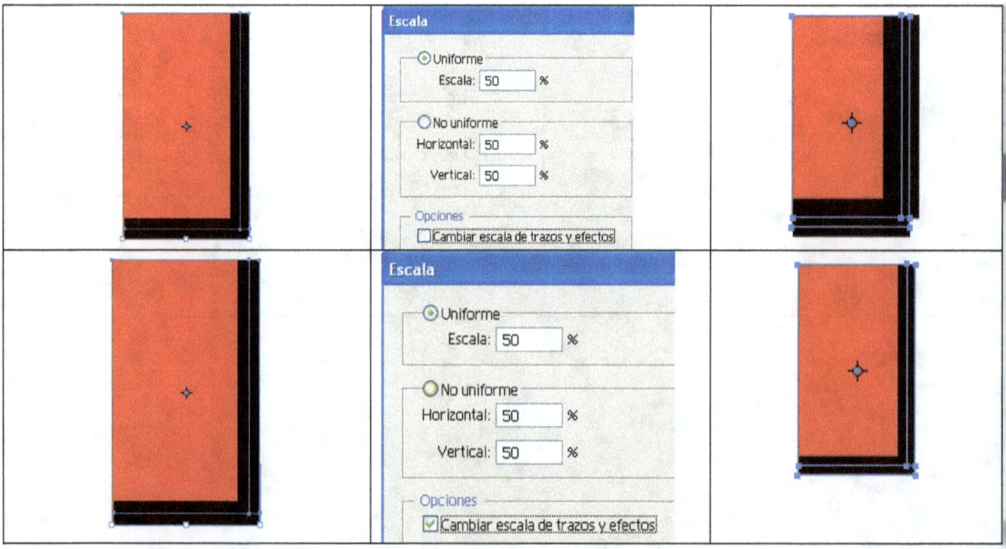

Al activar *cambiar escala de trazos y efectos*, conseguimos que los trazos también sean escalados.

Distorsionar:

Cambiar una figura de forma.

Doble clic y entramos en las opciones.

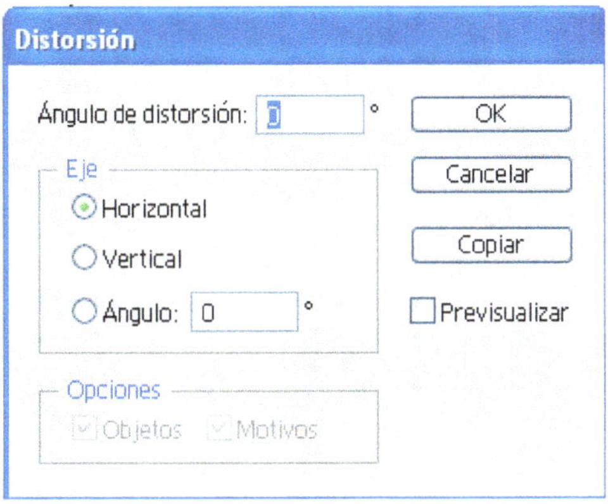

Deformar:

Simplemente pinchamos en la pieza seleccionada, vamos a una de las partes finales de ésta, y con pinchar y arrastrar se deformará.

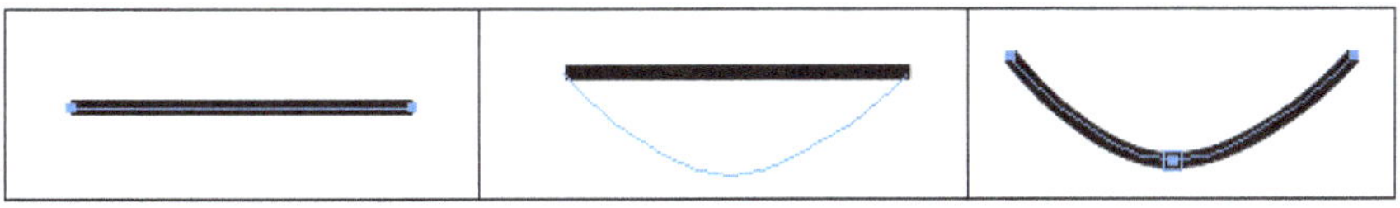

5.13.- Herramienta Transformar libre.

No tiene opciones, simplemente pinchar en la figura y la escalamos o rotamos a nuestro gusto.

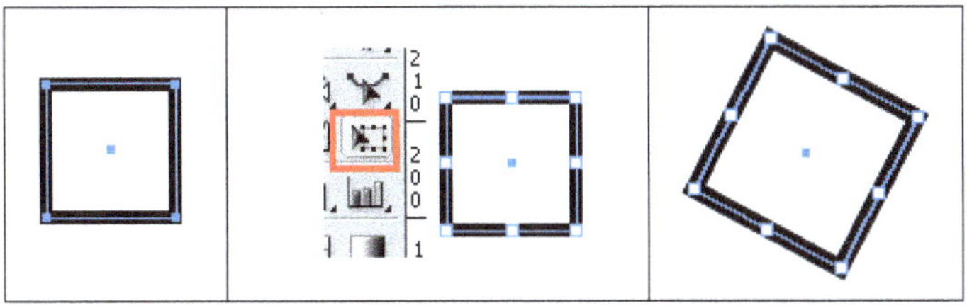

5.14.- Herramientas Deformar, Molinete, Fruncir, engordar, festonaear, cristalizar, Arrugar.

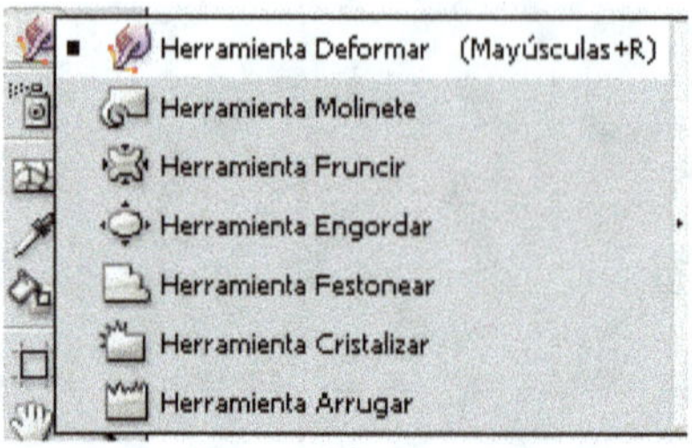

Deformar:

Es un tirador de objetos, tiene propiedades (haciendo doble clic).

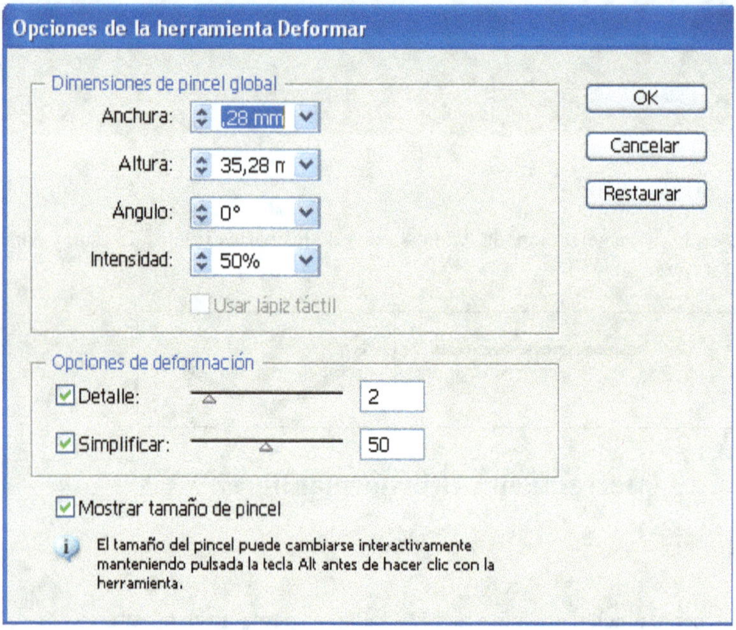

Mientras mayor sea la intensidad, mayor tirará del objeto.
Se puede usar tanto para tirar hacia fuera, como hacia dentro de la figura.

Molinete:

Sirve para hacer "remolinos".

Con hacer clic, y dejar más o menos tiempo el botón presionado hará más o menos "remolinos".

Sus opciones:

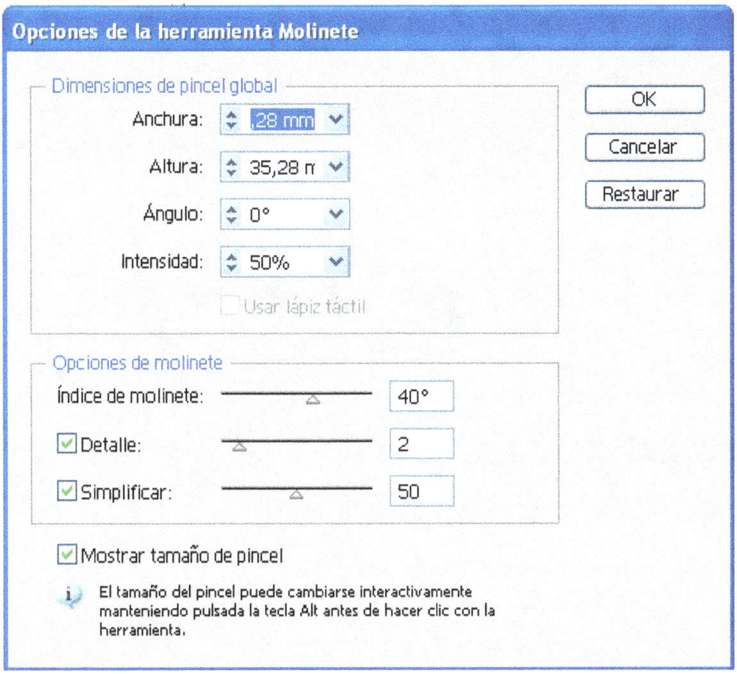

Fruncir:

Disminuye el volumen de la figura.

Al dar doble clic tiene sus propiedades, similar a las anteriores.

Engordar:

Da más volumen a la figura.

Al hacer doble clic tiene sus propiedades.

Festonear:

Crea líneas en un trazado.

Al hacer doble clic sacamos las opciones.

Cristalizar:

Da forma de cristal a los bordes de una figura.

Al hacer doble clic sacamos las propiedades.

Arrugar:

Similar a la anterior.

Al hacer doble clic tienes las propiedades.

5.15.- El buscatrazos.

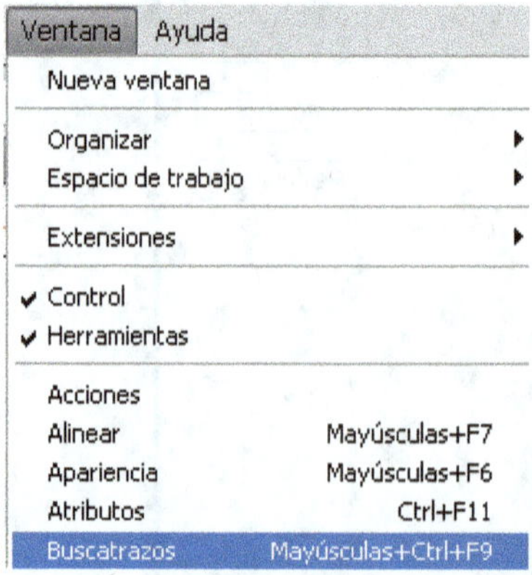

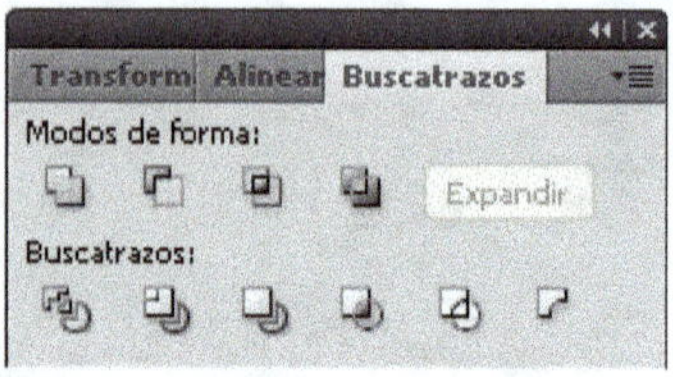

Siempre recorta la figura que tengamos como frontal, y deja la de fondo.

Para realizar los ejemplos, utilizaremos como base esta figura:

Modos de forma		
Unificar. 		Con esta opción conseguimos unir ambas piezas, formando tan solo 1.
Menos frente. 	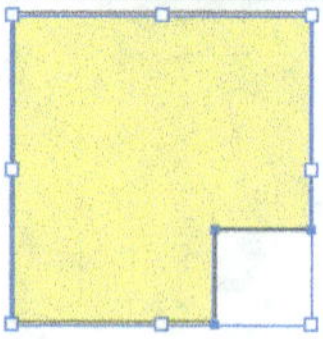	Lo que conseguimos es que recorte la figura del fondo, dejando la unión entre ambas piezas como recorte del fondo.
Formar intersección. 	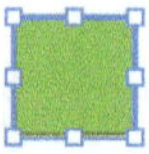	Conseguimos que solamente quede la zona donde se unen ambas piezas.

Excluir.	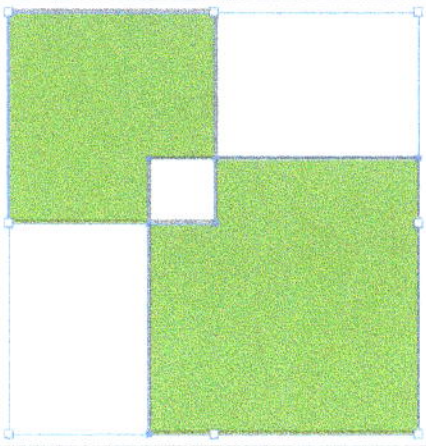	Solamente dejará las piezas por separado, es decir, la zona en la que ambas piezas se juntan, pasará a ser eliminada.
	Buscatrazos	
Dividir.		Conseguimos obtener 3 piezas: - La primera es el original sin el trozo unido. - La segunda es la unión entre ambas piezas. - La tercera es el otro original sin el trozo unido.
Cortar.	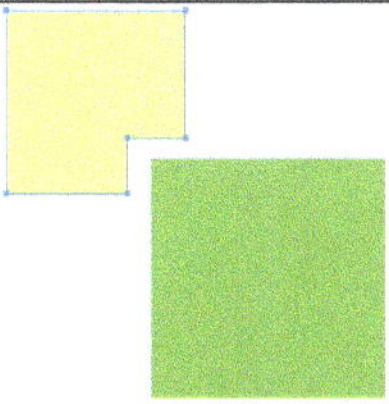	Cortará la pieza de debajo con el trozo que esté unido a la otra pieza.
Combinar.		Une ambas piezas, formando una sola, manteniendo los formatos y propiedades de ambas piezas.
Recortar.		Recorta las piezas, dejando visible el trozo de unión entre ellas.
Contornear.	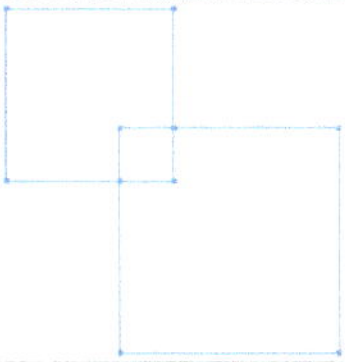	Muestra el contorno de las piezas seleccionadas.
Menos fondo.		Recorta la unión entre piezas y además la pieza que se encuentre en el fondo, dejando solamente la pieza superior con el corte realizado.

5.16.- El Spry.

El spry sirve para repetir imágenes: encontramos varias opciones dentro de él:

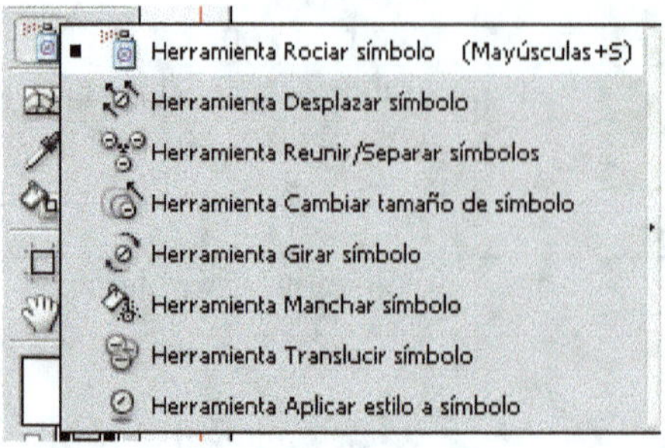

Para sacar las opciones del spray, bastará con hacer doble clic encima de él.

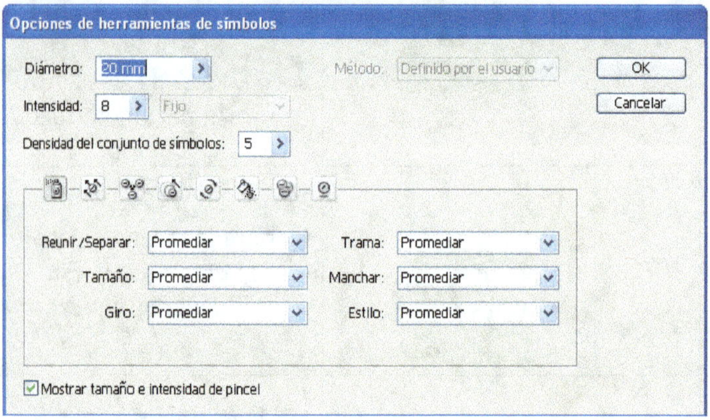

La opción más importante es el diámetro, este sirve para ver la distancia en la que afectará a cada símbolo.

La intensidad sirve para ver con que "dureza" actúa nuestro spry, dependiendo de la opción de éste.

La densidad de símbolos sirve para ver cuantos símbolos queremos sacar en cada clic de ratón.

Para sacar la ventana de símbolos:

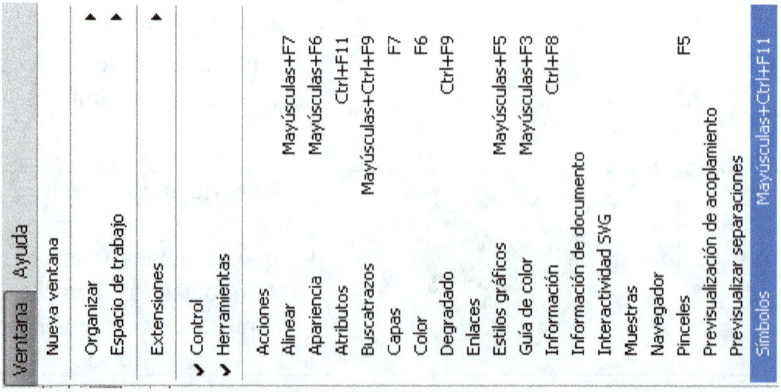

Herramienta rociar símbolo:

Una vez seleccionada esta opción, basta con ir a la ventana símbolos, y una vez ahí seleccionar uno, iremos a nuestra mesa de trabajo y haremos clic tantas veces como símbolos queramos que pinte.

Podemos crear nuestros propios símbolos:

Supongamos este ejemplo:

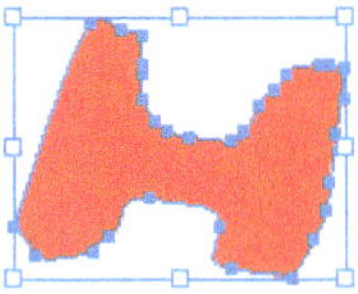

Queremos repetir este dibujo muchas veces por la mesa de trabajo, (un método es copiar y pegar, pero para esta herramienta no nos sirve)
** Deberemos tener seleccionado el dibujo: **

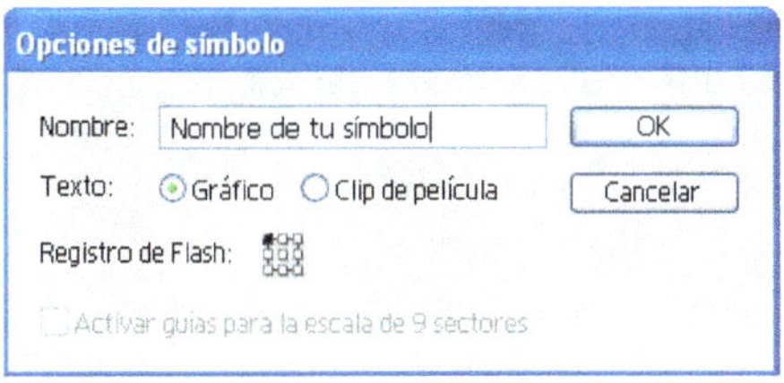

Una vez creado esto, tendremos que tener en cuenta un par de conceptos:

Istancias de un símbolo: son los distintos símbolos que hay en el documento, el símbolo en sí, puede ser modificado pero afectará a todas las instancias, pero si cambias una instancia ésta, no afectará al símbolo.
El símbolo que modifiquemos se modificará en su instancia, pero no al revés.

Una vez entendido qué es una instancia, veamos un ejemplo:

Observamos cómo está repartida nuestra mesa de trabajo:

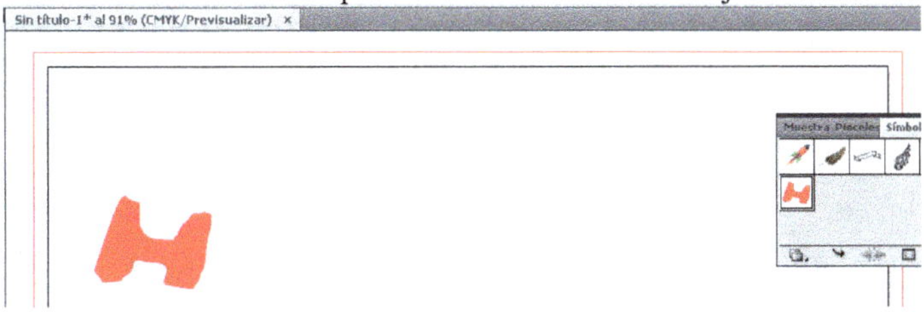

Como podemos observar, ahora mismo estamos en la mesa de trabajo, es decir, todo lo que pintemos será impreso, en PDF, por impresora o por donde queramos…

Observemos qué pasa si entramos en la edición de nuestro símbolo:

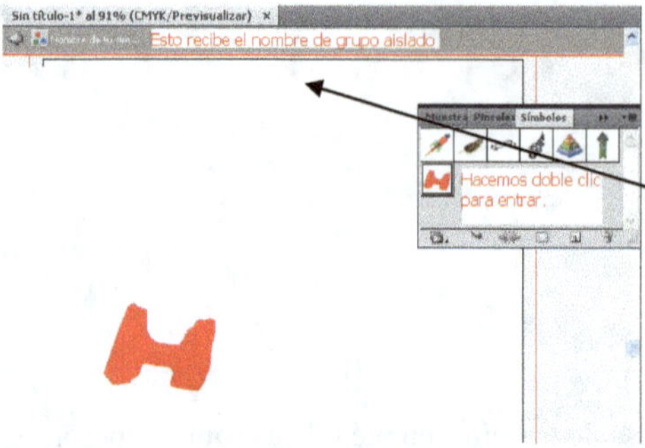

Como podemos observar, ha salido una nueva línea en nuestra mesa de trabajo lo que aquí estamos haciendo es modificar el **símbolo, es decir, modificaremos todas las instancias que tengamos en la mesa.**

Veamos un ejemplo:

Obtenemos esta mesa	Veámos qué ocurre si:
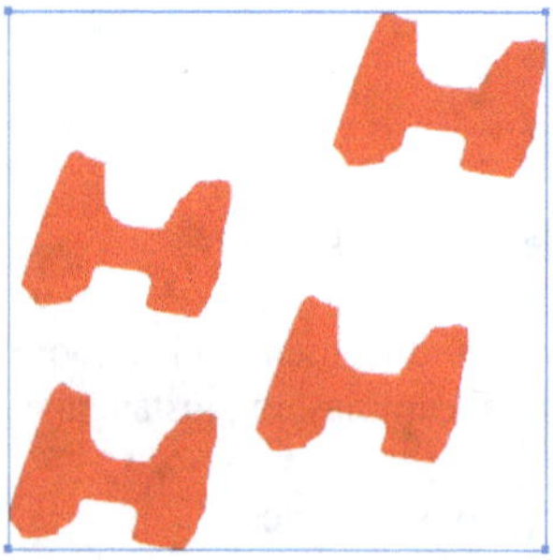	Modificamos una instancia *: 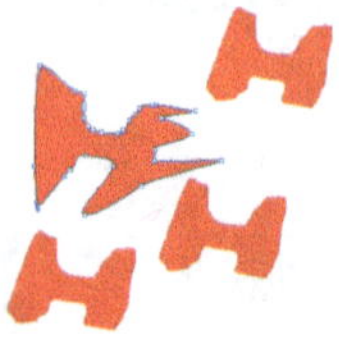 Como podemos observar, solamente hemos modificado 1, lo cual significa, que esta modificación no afectará a las demás de la mesa de trabajo. Modificamos el símbolo: es decir, hacemos doble clic en el símbolo y nos habilitará el grupo aislado, lo modificamos y damos a la flecha de “aceptar”.   una vez hecho esto obtendremos este resultado:  Como podemos observar, el modificar el símbolo modifica todas las instancias de éste.

* Si no podemos modificar una figura en su totalidad (es decir, que solo nos deje modificar el tamaño), deberemos ir a :

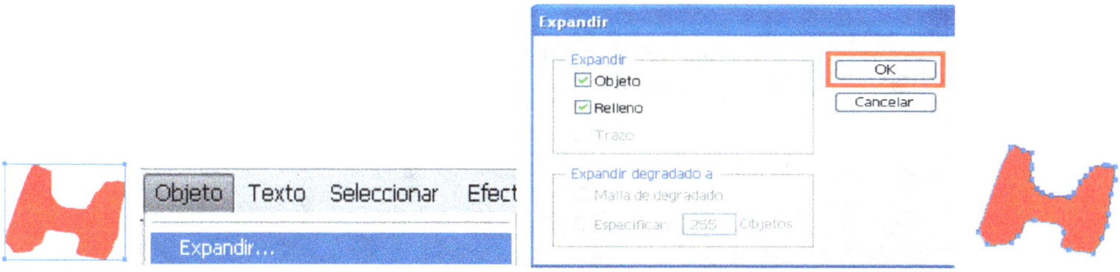

Veamos ahora el resto de posibilidades que nos brinda esta herramienta (los ejemplos los haremos con la figura inicial):

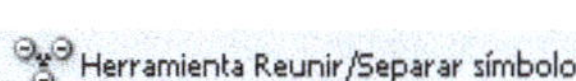

- Herramienta Desplazar símbolo

Sirve para mover símbolos.

Herramienta Reunir/Separar símbolos

Sirve para unir piezas.

Herramienta Cambiar tamaño de símbolo

Hace más o menos grande una símbolo.

Herramienta Girar símbolo

Sirve para girar los símbolos.

Herramienta Manchar símbolo

Sirve para oscurecer un símbolo.

Herramienta Translucir símbolo

Consigue rebajar la opacidad de un símbolo.

Herramienta Aplicar estilo a símbolo

Rellena con un estilo el símbolo.

Para hacer lo mismo pero hacia atrás(es decir, si has dado brillo y lo que quieres es quitarlo) bastará con presionar ALT.

5.17.- Creación de gráficos.

Supongamos que queremos sectorizar gráficos (como ya vimos en *freehand*, la forma más "incómoda y poco eficaz" era haciendo rectángulos con la pluma y demás.

Con la herramienta gráficos  podremos crearlos de una forma mucho más sencilla:

Hacemos doble clic en la herramienta gráficos :

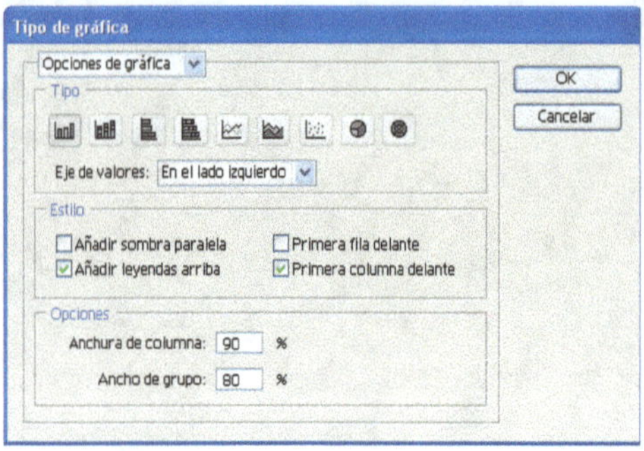

En este apartado, nos salen las distintas opciones de cada gráfica, de momento mostraremos el ejemplo con la de barras verticales:

Opciones de gráfica: 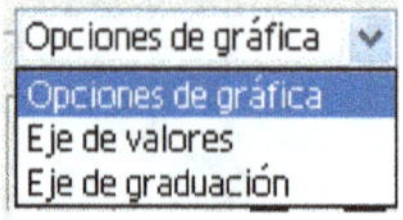

aquí la opción más común es la primera.

El tipo de gráfica, y el eje de valores, mostrará en qué parte podremos poner los valores de dicho gráfico:

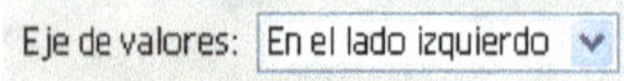 Eje de valores: En el lado izquierdo	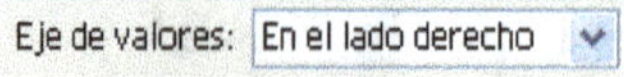 Eje de valores: En el lado derecho	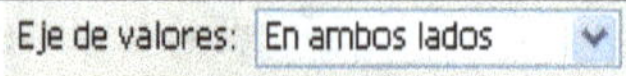 Eje de valores: En ambos lados
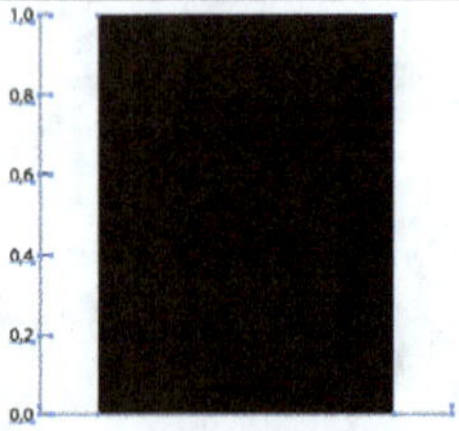	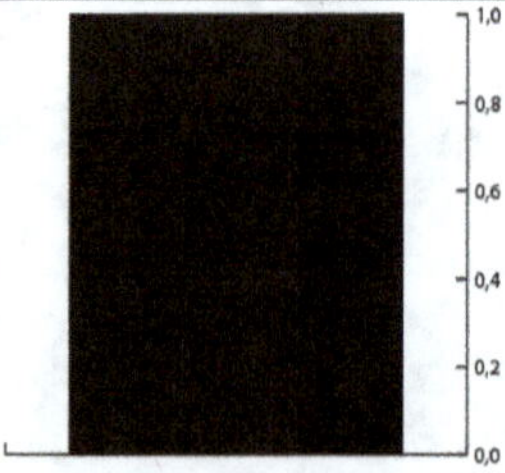	 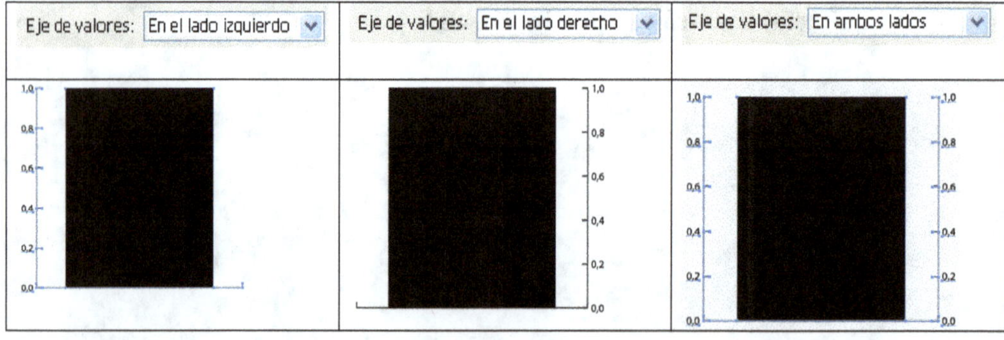

El resto de opción son irrelevantes, pero debemos tener en cuenta que la opción de sombra es bastante incómoda, puesto que costará más distinguir en qué número estará cada barra de la gráfica.

Una vez hayamos elegido la configuración de nuestro gráfico:

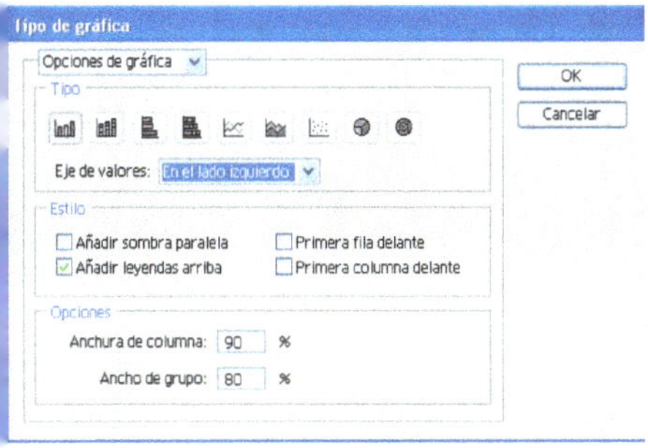

Daremos a aceptar.
Ahora haremos clic en cualquier parte en blanco de la mesa, nos saldrá un cuadro donde introduciremos el tamaño del gráfico:

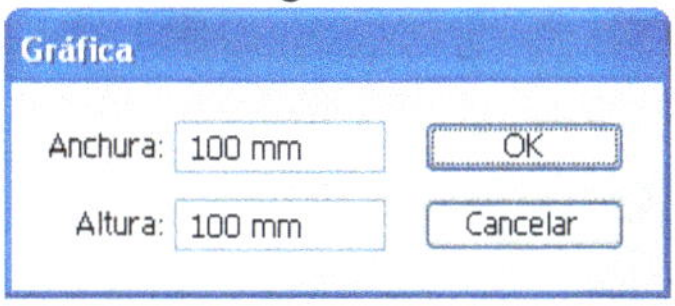

Una vez hecho esto, saldrá un cuadro con tablas donde iremos introduciendo nuestros datos.

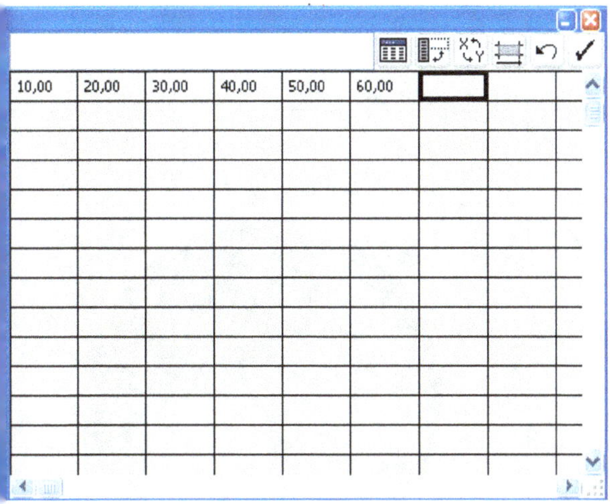

→Importar datos. → con esta opción podremos importar datos de excel o programas similares.

→Transponer fila o columna. → Con esta opción cambiaremos las filas y las pondremos en columnas.

→Conmutar X/Y. →Intercambia los valores del EJE X por el de Y o viceversa.

→Estilo de celda. → Podremos cambiar los números de decimales o el ancho de la columna de cada celda.

→Volver. → Volveremos a un dato anterior del gráfico.

→ Aplicar. → Hará válidos los cambios del gráfico, una vez le demos, notaremos los cambios en la mesa.

Una vez creado el gráfico, podremos moverlo a nuestro gusto, no solo el gráfico sino cada componente:

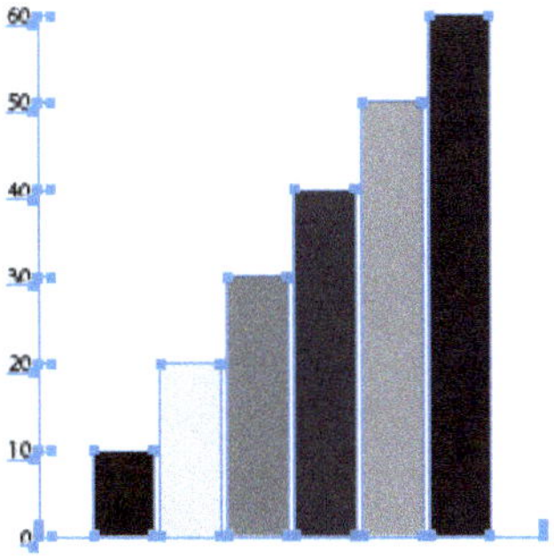

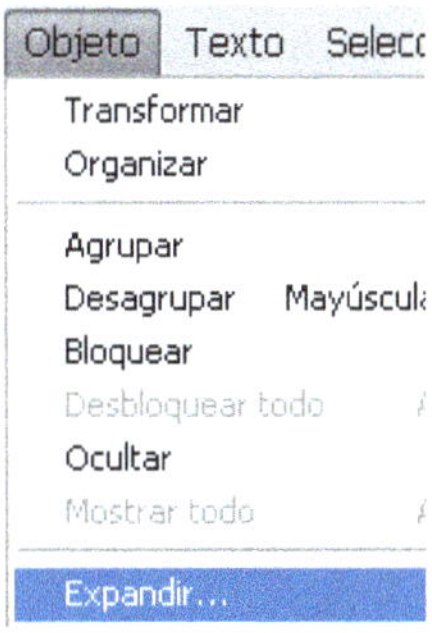

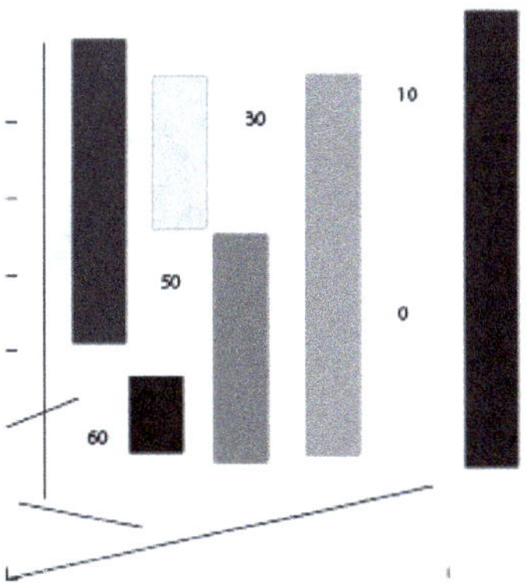

Podremos mover todo como queramos

5.18.- Herramienta malla.

Sirve para dar volumen a una figura plana…

Supongamos esta imagen:

Con la herramienta maya  (y el color en negro) observamos como va cambiando de forma:

Color de maya negro. 	Color de maya blanco. 
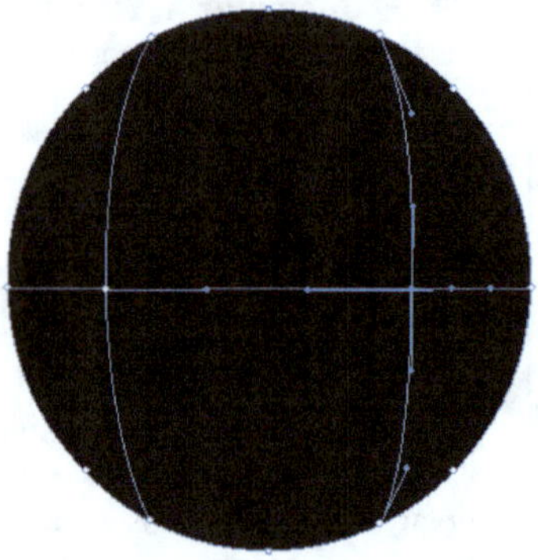	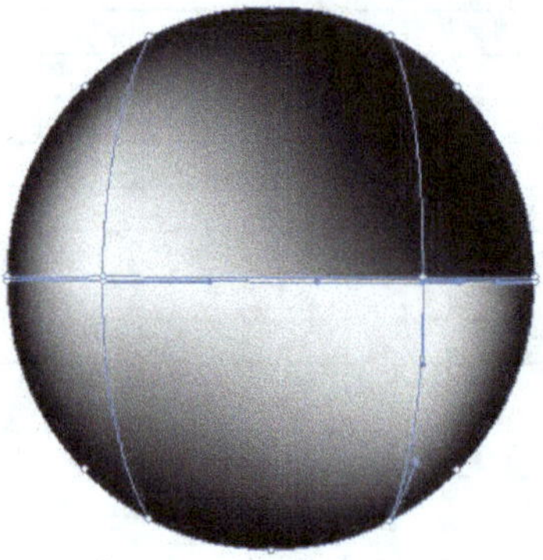

Con esta herramienta podemos dar volumen a figuras, como toda herramienta, tiene sus opciones: Podemos mover los puntos de ancla, tan sencillo como poner el curso encima de cada punto, hacer clic y arrastrar…

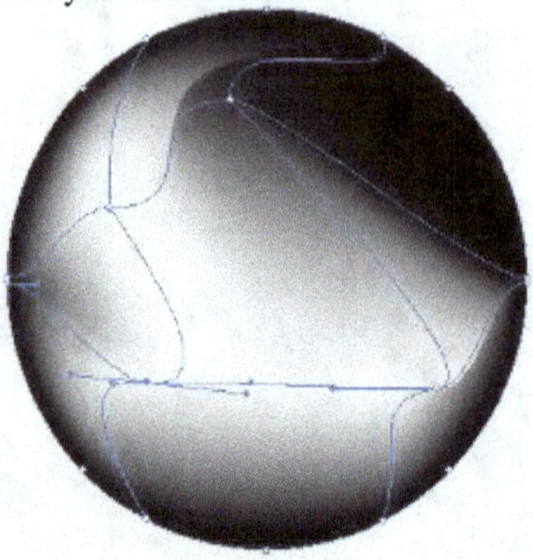

Esta herramienta no tiene más, es cuestión de ir probando.

5.19.- Herramienta fusión:

 Esta herramienta sirve para unir piezas con color.

Supongamos estas piezas:

Lo que queremos conseguir es hacer una fusión (similar a un degradado) entre ambas piezas:

Al hacer doble clic encima de la herramienta de fusión  aparecerá un cuadro donde podremos configurar las opciones:

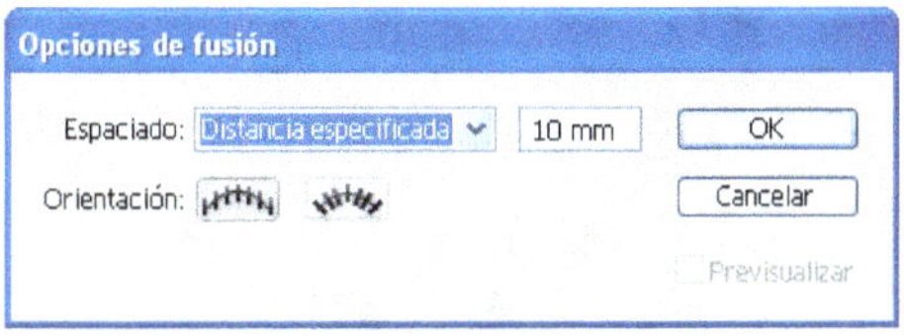

El espaciado es la forma de unir ambas piezas:

(hay que pinchar en ambas figuras (si no las tenemos seleccionadas) para conseguir fusionarlas.

	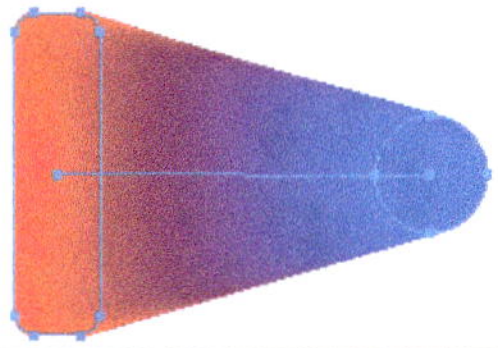
 *	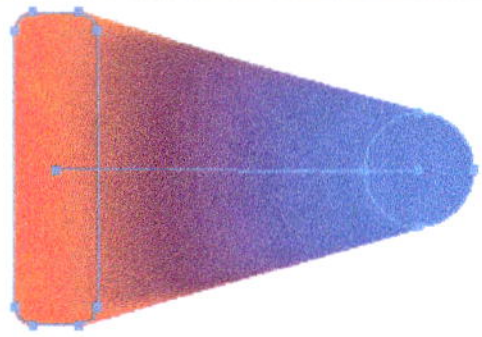
 **	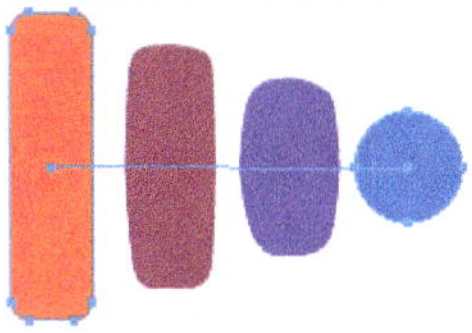

* Cuanto **mayor** sea el número { - Má stardará en realizar la operación.
** Cuanto **menor** sea el número - Mas recursos del sistema usará.
- Más perfección habrá en la fusión de ambas piezas.

5.20.- Conversión de imágenes a vectorial.

Lo primero que debemos entender, es que una conversión de este tipo no es 100% perfecta a la imagen de bits, simplemente porque son operaciones matemáticas y no obtención de píxeles.

Lo primero que debemos hacer es colocar una imagen:

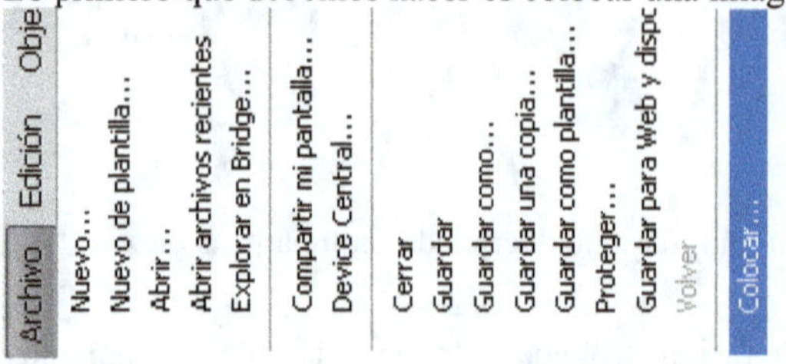

Obtendremos este resultado:

Una vez hayamos colocado la imagen, iremos a las opciones que ésta muestra:

Con el archivo seleccionado, saldrá una barra en la parte superior (donde las propiedades de toda herramienta)

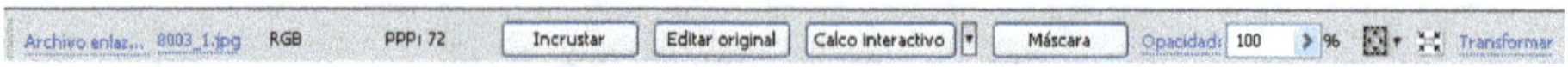

Iremos paso a paso explicando cada parte de la barra:

Archivo enlazado:

Irá mostrando los archivos enlazados, con el nombre de éste.

Nombre de imagen (en este caso aparece: 8003_1.jpg):

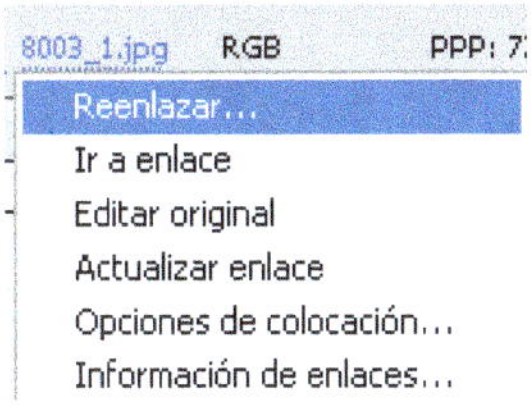

Podremos ver las opciones de la imagen, la ruta, buscarla nuevamente etc.

RGB: tipo de imagen.
PPP: 72: calidad de la imagen, lo mínimo debería ser 300 ppp.

Incrustar: Significa que meteremos la imagen en el documento, lo que quiere decir, es que el documento de illustrator es que ocupará el tamaño de las imágenes incrustadas (lo normal para llevar a imprenta es llevar las imágenes NO incrustadas, sino que hay que llevarlas en una carpeta a parte.

Editar original: lanza un programa externo a Illustrator, para editar la imagen en bits.

La opción de cálculo interactivo, sirve para convertir la imagen en vectorial, para ello podríamos ir también a:

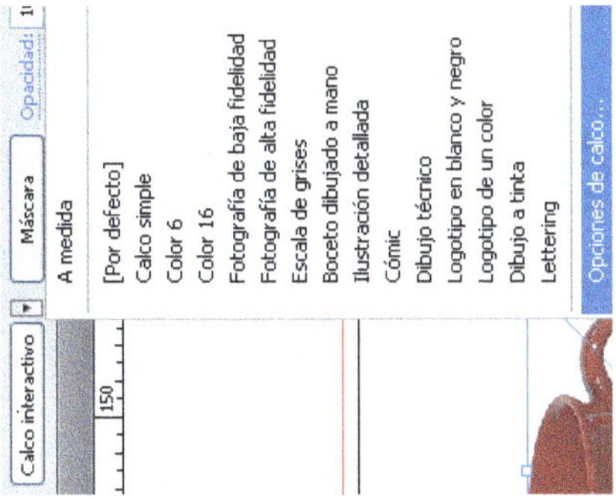

O podríamos ir a:

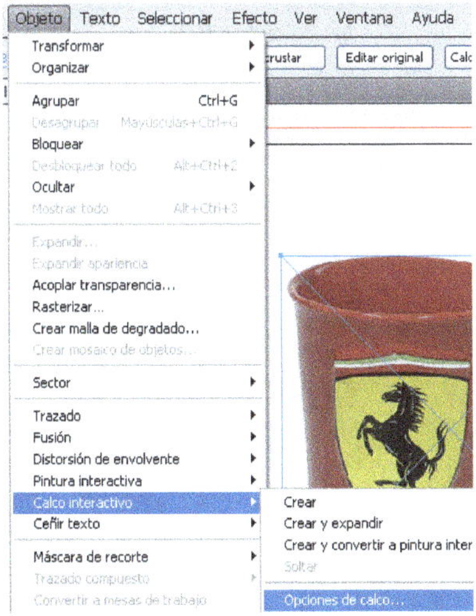

Una vez dado aquí, obtendremos esta ventana:

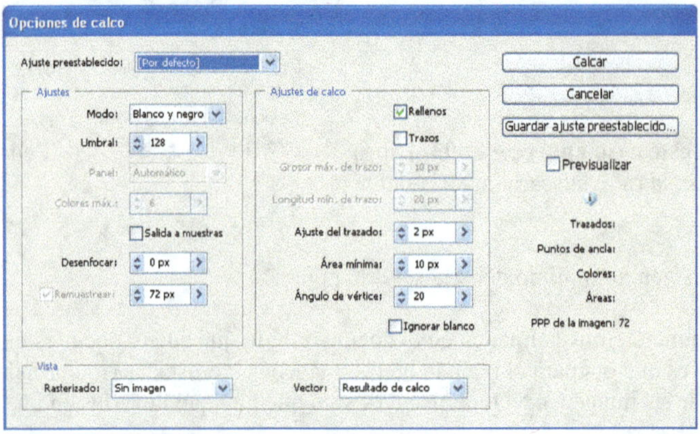

En la opción de ajustes:

Modo: Blanco y negro / Color / Escala de grises.

Deberemos poner el de color, dado que nuestra imagen es en color.

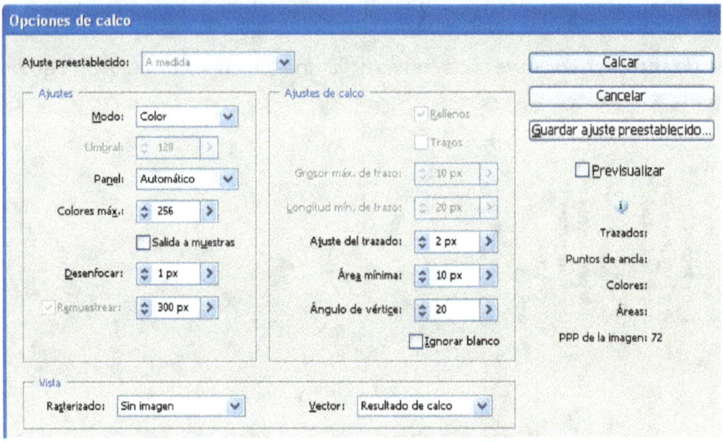

Los colores deberán estar al máximo (256), el desenfoque con 1px será suficiente, pues que si lo hacemos más se verá demasiado mal. La resolución de remuestreo, con que tengamos a 300 será suficiente, para así poder imprimirlo correctamente.

Una vez hecho esto, tendremos una imagen así:

Pixels	**Vectorizada**

5.21.- Herramienta bote de pintura interactiva.

Es una forma de rellenar rápido, hay que seleccionar las piezas que deseemos y meterlas dentro de la pintura interactiva.

Para conseguir que se añadan a este grupo:

- Seleccionamos el objeto.

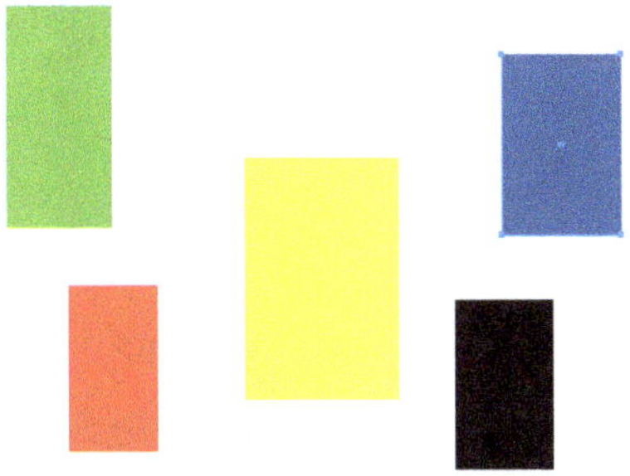

- Ponemos el cubo encima.

- Hacemos clic

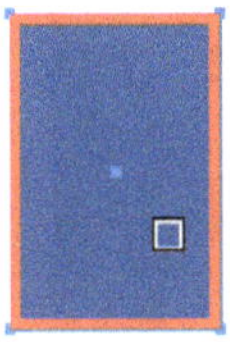

Para saber si un objeto pertenece al grupo de pintura interactiva, al poner el cursor por encima, saldrá un marco en rojo.

- Ahora ya pertenece al grupo de pintura interactiva.

Veamos un ejemplo:

Ahora tenemos 2 rectángulos dentro del grupo de pintura interactiva, primero porque salen con un marco en rojo, y segundo porqué se nos permite pintarlos.

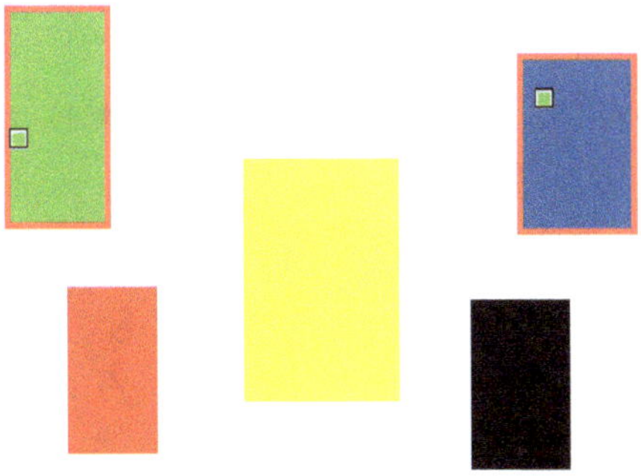

Para continuar con el ejemplo, seleccionaremos una pintura distinta a esas 2:

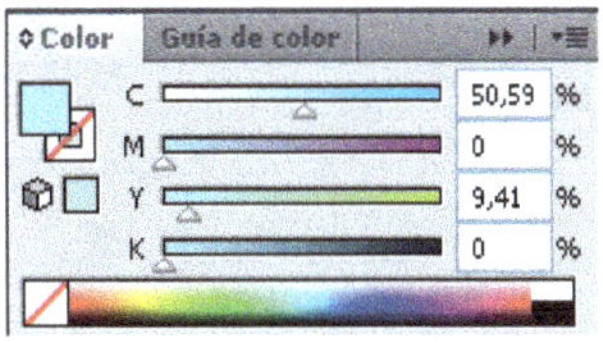

Y a continuación, ponemos el bote  sobre cada objeto, y hacemos clic:

¿Qué ocurre si intentamos pintar un objeto que no esté dentro del grupo de pintura interactiva?

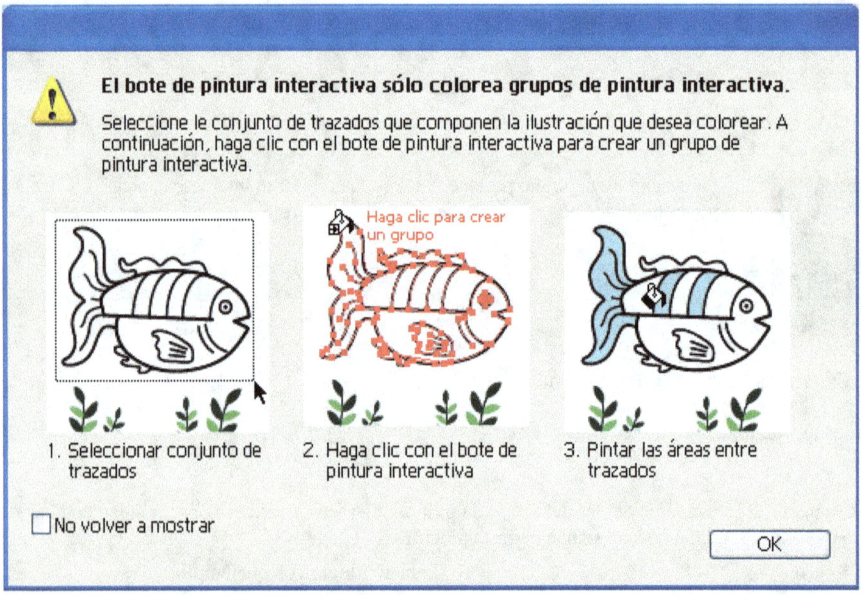

Sale este mensaje de error, en él vemos los pasos a seguir para poder pintar un objeto con el bote de pintura interactiva. 

5.22.- Guía de colores.

La guía de color sirve para pintar figuras de una misma mesa, con colores armoniosos entre ellos, por ejemplo, un negro con un rosa oscuro, un gris 50% etc.

La función de esta herramienta es facilitar el trabajo de pintado, pudiendo mostrar infinidad de colores.

Para mostrar esta herramienta debemos ir a:

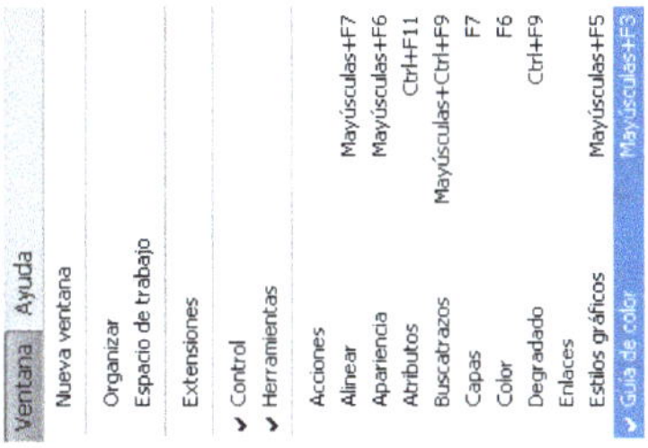

Al hacer clic, nos muestra esta ventana:

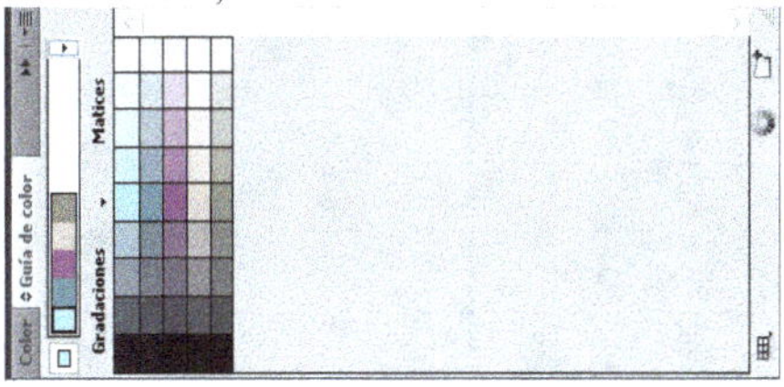

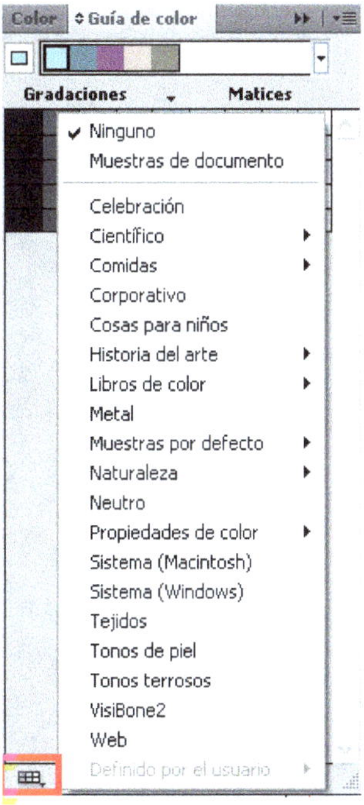

Con el botón de biblioteca de colores, nos da la posibilidad de elegir entre varios tipos…

Comidas/Bebidas:

Metal:

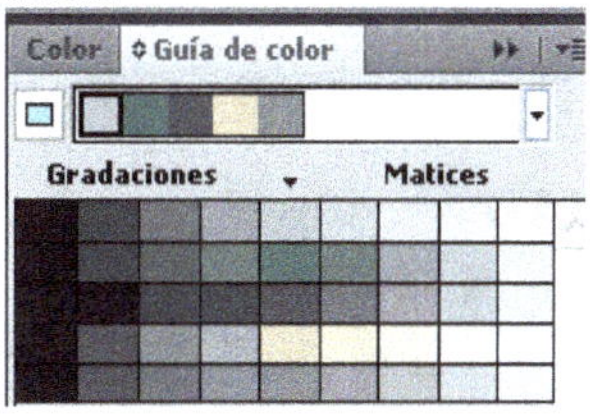

Corporativo:

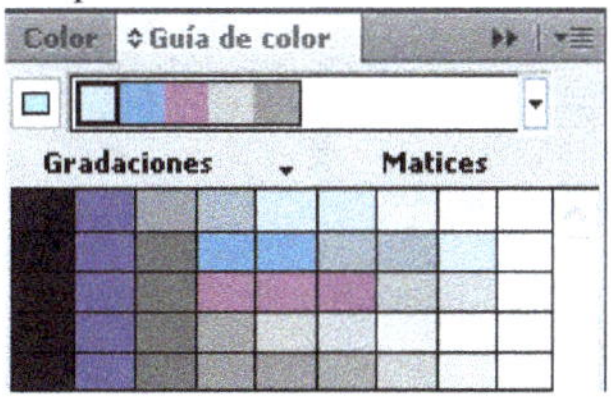

Historia del arte / Antiguo

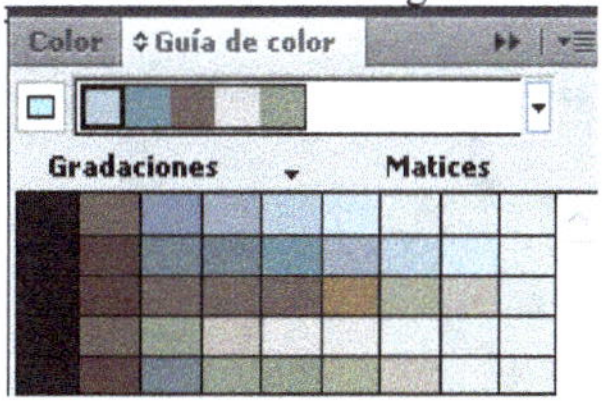

Y así continuamente, tenemos una extensa biblioteca, incluso podemos definirlos nosotros mismos.

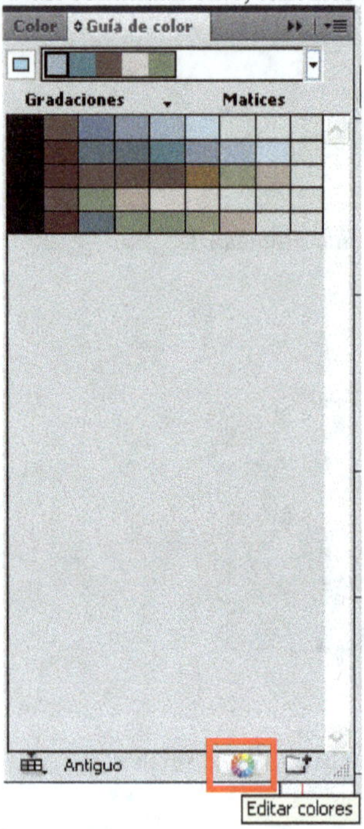

Dentro de la edición personalizada de colores, debemos tener en cuenta que hay que usar colores "armoniosos", esto quiere decir, que usaremos colores que tengan sentido entre ellos y queden bien.

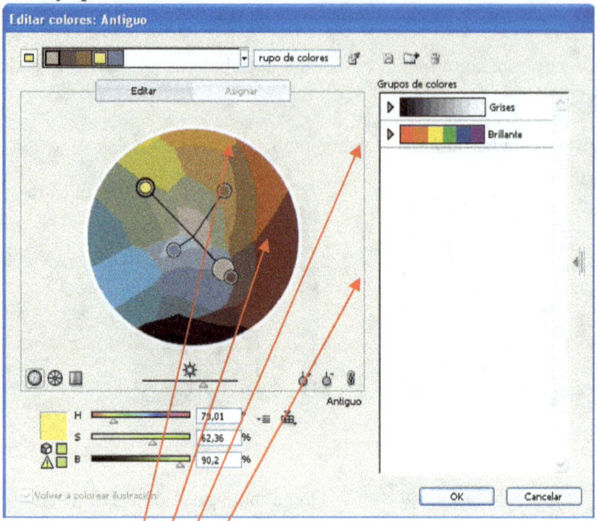

Esta herramienta de edición es bastante extensa, sin embargo es muy fácil de manejar, solamente hay que tirar de los colores, o ir dándole % en la parte inferior.

Si ahora mismo, diéramos a OK, aparecería el siguiente mensaje:

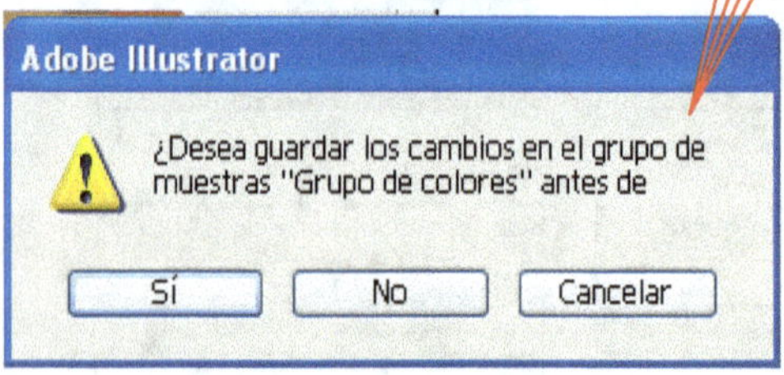

Daremos que sí, y listo, ya tendremos nuevos color guardado.

5.23.- Texto.

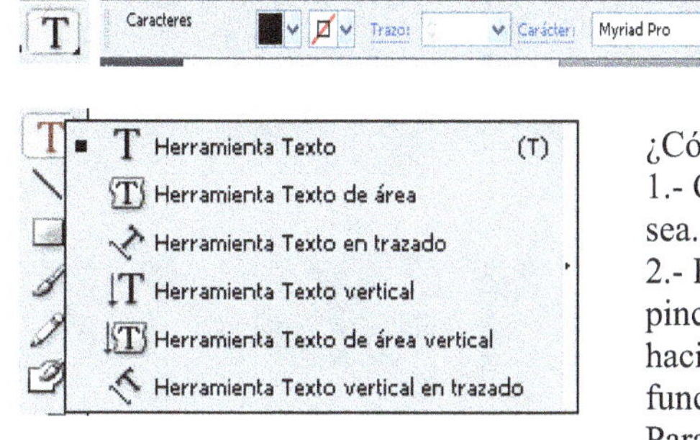

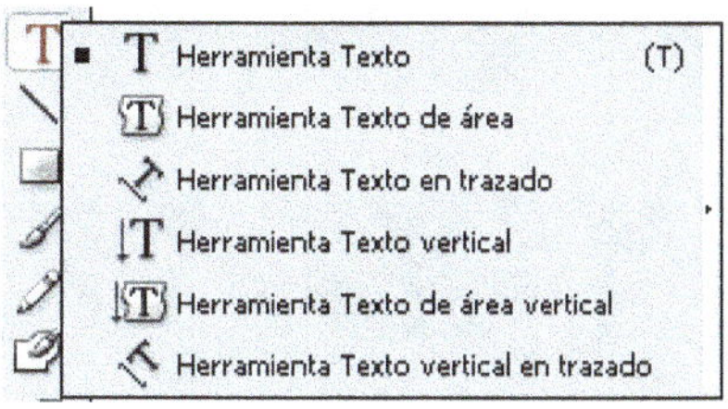

¿Cómo encadenamos texto?
1.- Creamos una caja de texto, escribimos lo que sea.
2.- En el más que aparece abajo a la derecha, pinchamos, y después pinchamos y arrastramos hacia otro punto que no haya nada. (también funciona si das doble clic en el +).
Para desencadenarlo, basará con hacer doble clic en la línea.

Texto en área:

Supongamos que queremos tener un texto dentro de un trazado cualquiera:

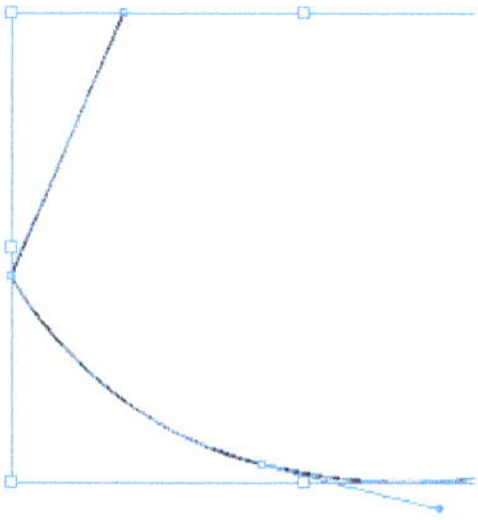

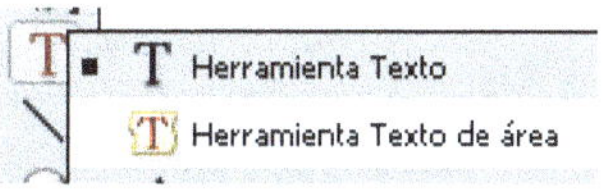

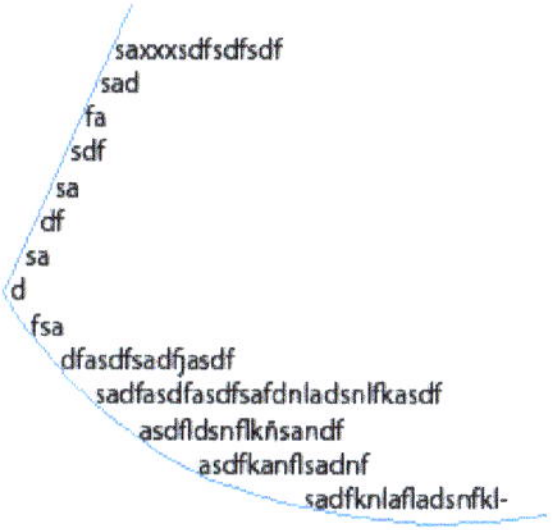

Texto en trazado:

Similar al de Photoshop, creamos un trazado y con las opciones de texto, escribiremos el texto:

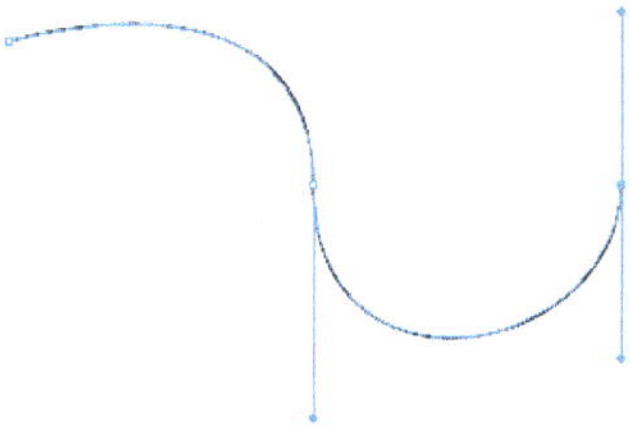

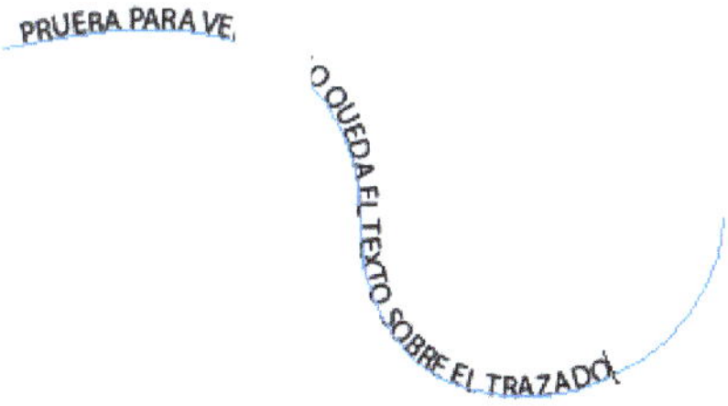

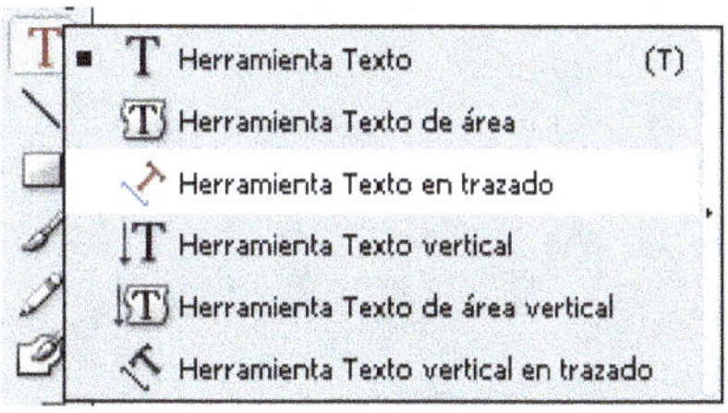

Hacemos clic en el trazado, y ya podremos escribir.

Texto vertical:

Esto no tiene dificultad alguna:

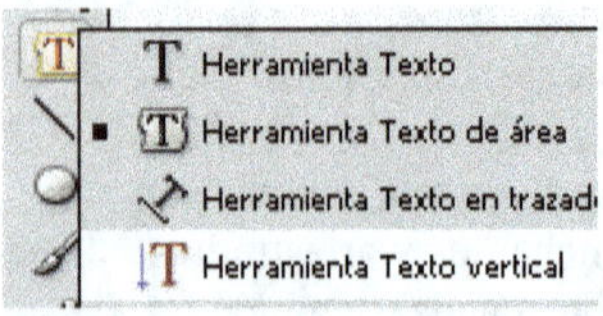

Hacemos clic en cualquier aparte del documento y escribimos:

También tenemos las opciones del menú superior:

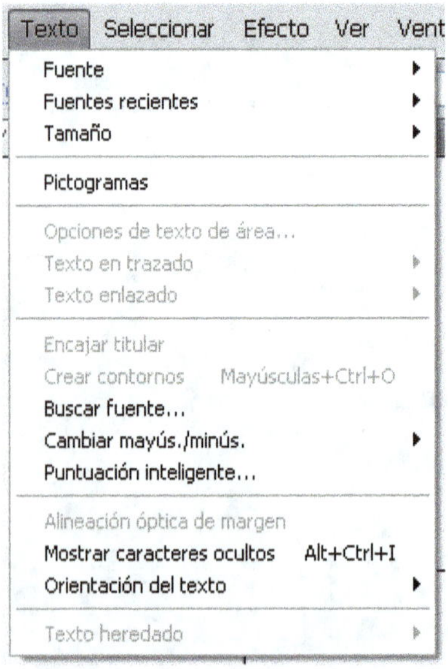

Cambiar la fuente, el tamaño del texto, insertar pictogramas o símbolos no alfabéticos, cambiar mayúsculas o minúsculas, mostrar caracteres ocultos (mostrar los espacios y retornos de carro, respectivamente: ▪ ¶)

Podremos cambiar la orientación del texto…

Ver práctica 1.

5.24.- La Pluma.

Es una herramienta de dibujo, no hace trazados como en Photoshop:

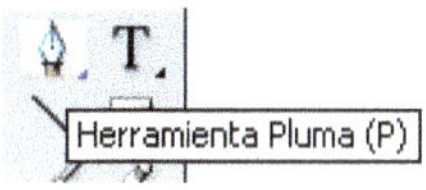

Hacemos clic y clic en otro punto para hacer una línea.

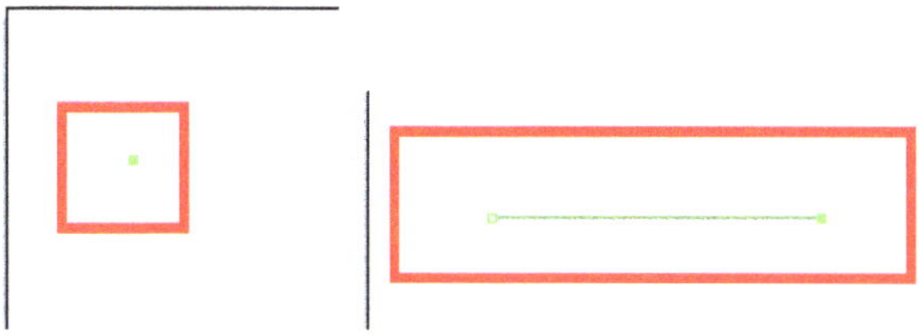

Al seguir así, crearíamos ángulos rectos.

Hay un modo para crear curvas:

Pinchamos y arrastramos:

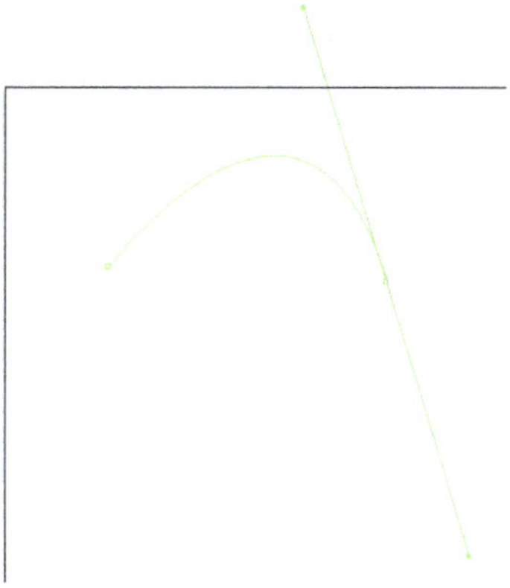

Los manejadores son simétricos, para conseguir que no lo sean, debemos presionar ALT a la vez que hacemos clic y arrastramos:

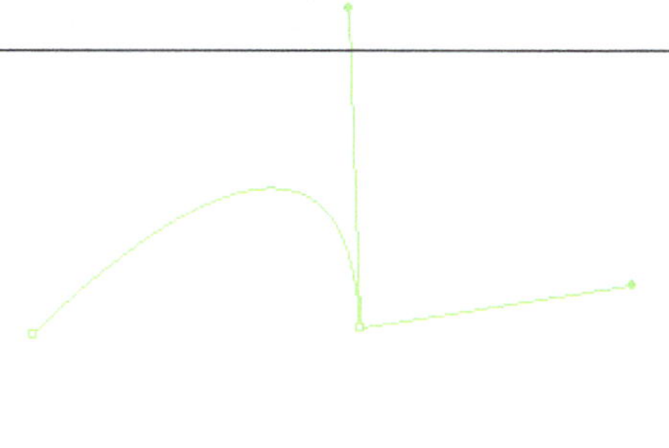

Ahora el manejador queda en sentido a la derecha, a partir de ahí se empezaría a dibujar en el mismo sentido que se deja el segundo ancla.

Supongamos que queremos editar uno dibujo:

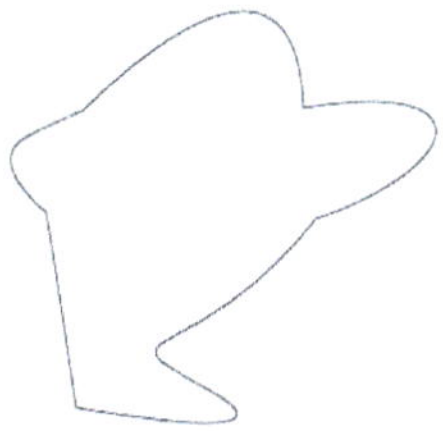

Con la herramienta de Subselección: 

Seleccinaremos el dibujo, y con Alt, iremos editándolo…

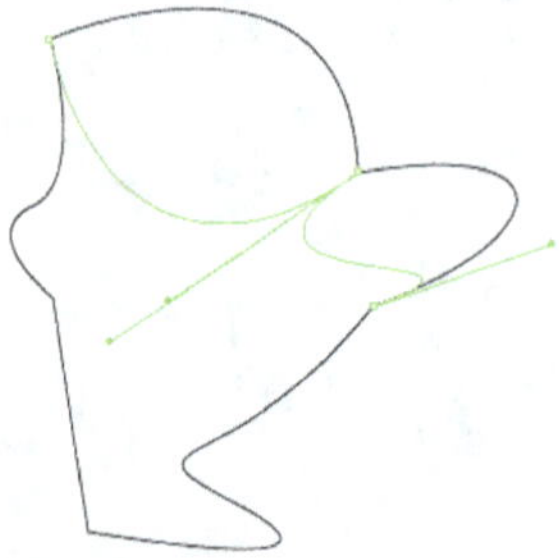

Podremos convertir un punto de ancla para que no tenga manejadores y para quitárselos…

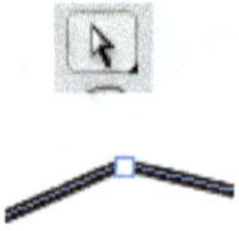

Para activarlos:

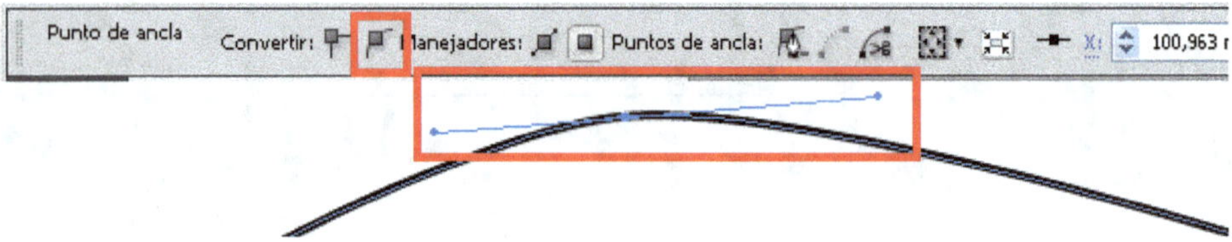

Para desactivarlos:

Conozcamos los puntos de ancla:

 **Quitar puntos de ancla seleccionados:**

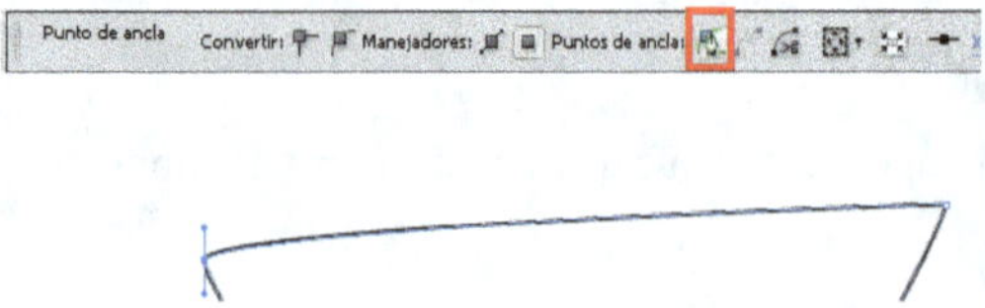

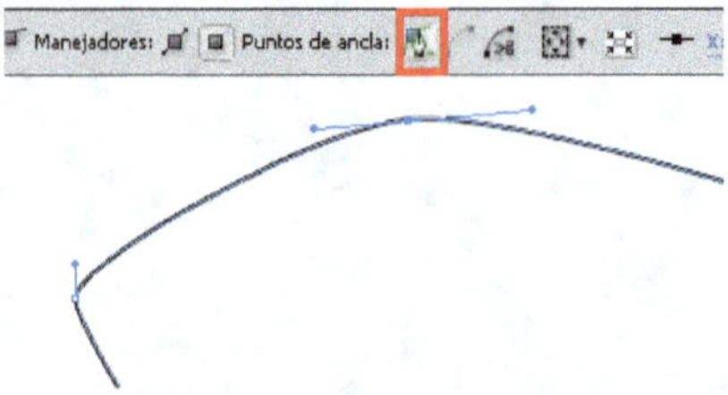

 **Cortar partes:** Seleccionamos el punto de ancla, posteriormente seleccionamos las tijeras  y hacemos clic en cualquier parte del trazado.

6.- Simetría y eliminación de partes de trazado.

Supongamos esta figura:

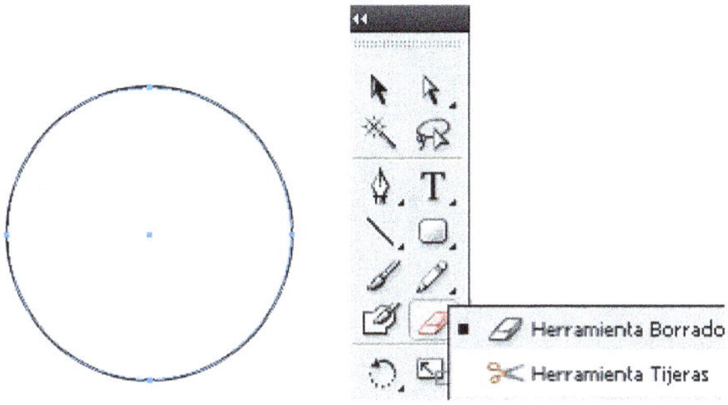

Y ahora, pinchamos en el origen y en el destino:

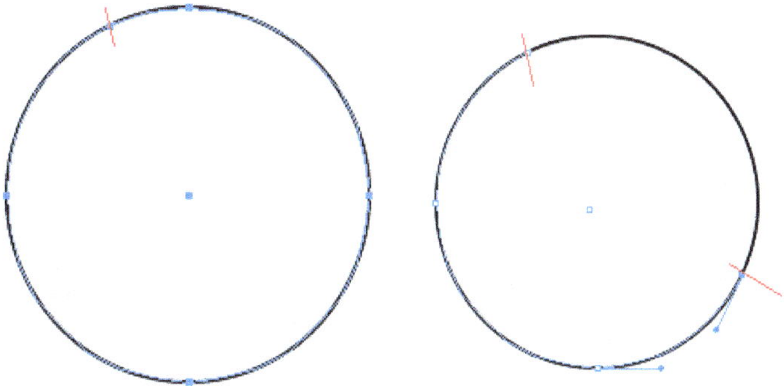

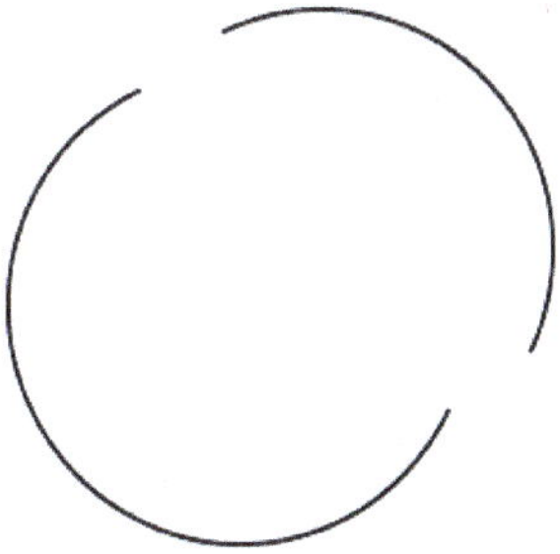

7.- Ajustes del documento.

Haremos clic en el fondo del documento y daremos a: 

O bien con la herramienta:

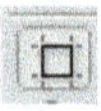

8.- Reglas.

Para mostrar reglas:

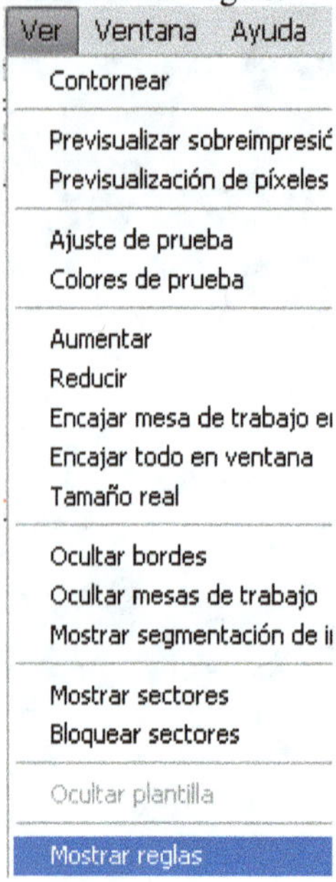

Una vez tengamos las reglas sacadas: simplemente con ir pinchando en éstas e ir arrastrando hacia fuera, obtendremos nuestras guías:

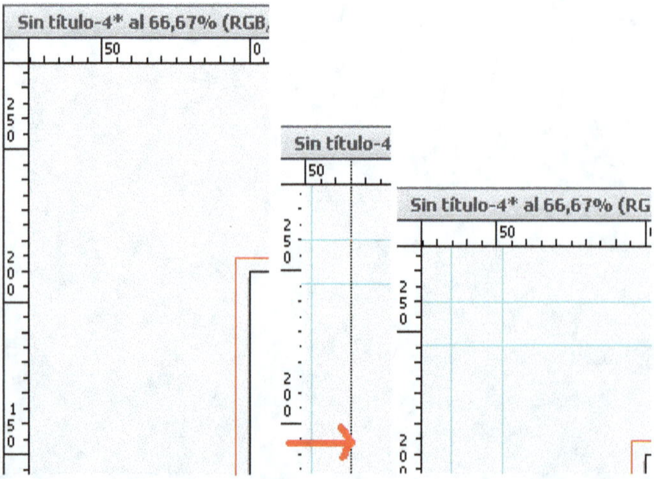

Supongamos que necesitamos sacar guías transversales, es decir, que no sean ni verticales ni horizontales:

1.- Crearemos una línea:

Presionaremos SHIFT para que la línea salga a 45º exactos.

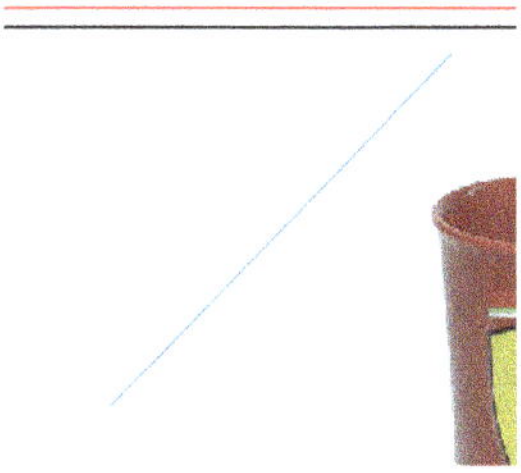

Una vez tengamos la línea, deberemos seleccionarla (si es que no lo está) y procederemos a crear la guía:

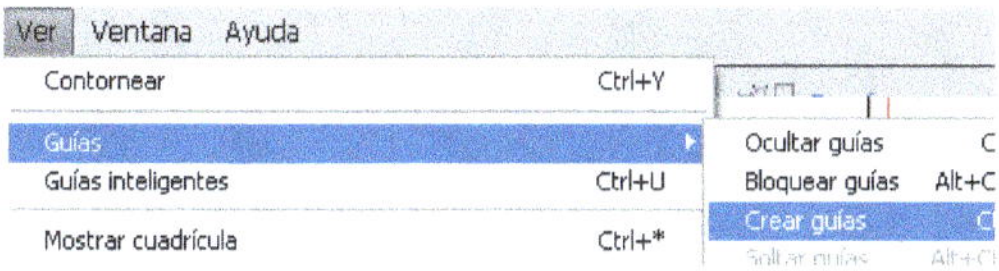

Ahora observamos que la línea es de color cian, como las verticales y horizontales.

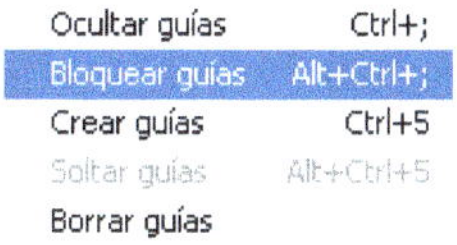

- Ocultar guías: las guías dejarán de ser visibles.
- Bloquear guías: conseguiremos que las guías no se muevan por error, o puedan ser seleccionadas.
- Borrar guías: eliminaremos la guía o guías que tengamos seleccionadas.

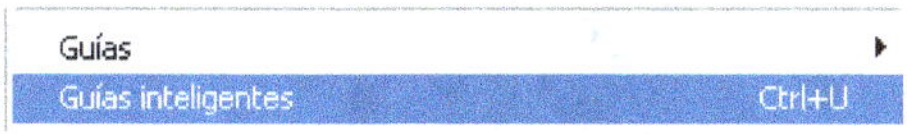

Las guías inteligentes sirven para que toda la figura que se acerque a las guías queden ajustadas a éstas.

9.- Perforación, recorte y “pegar dentro”.

Perforación:

¿Cómo conseguir que un agujero tenga el mismo fondo que el documento?

1.- Seleccionamos ambos objetos:	2.- crearíamos otro círculo más pequeño:	3.- Seleccionaremos la pieza verde y la amarilla.
	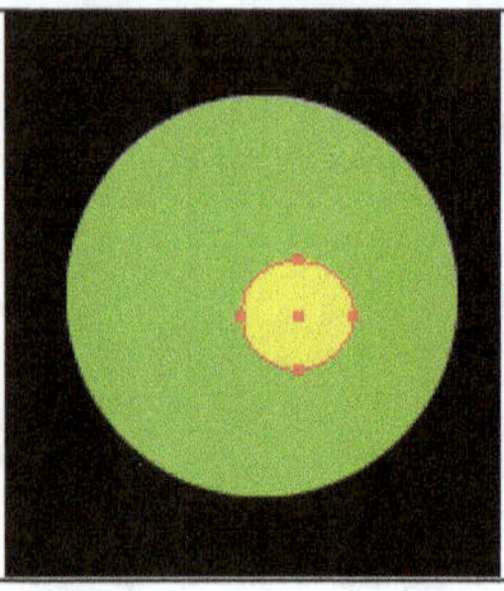	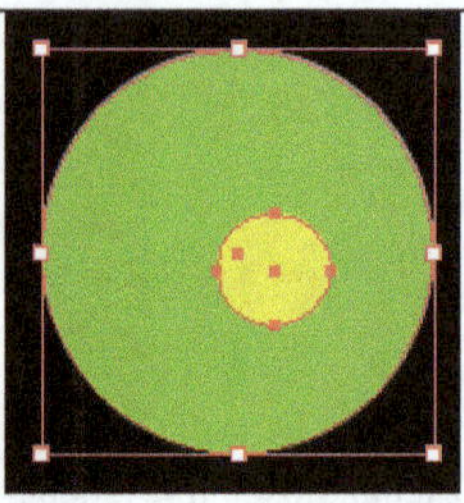
Supongamos que en el círculo verde queremos tener en el centro un agujero para ver el fondo negro (o la capa que haya por debajo)		

4.- Ahora vamos a ventana / Buscatrazos

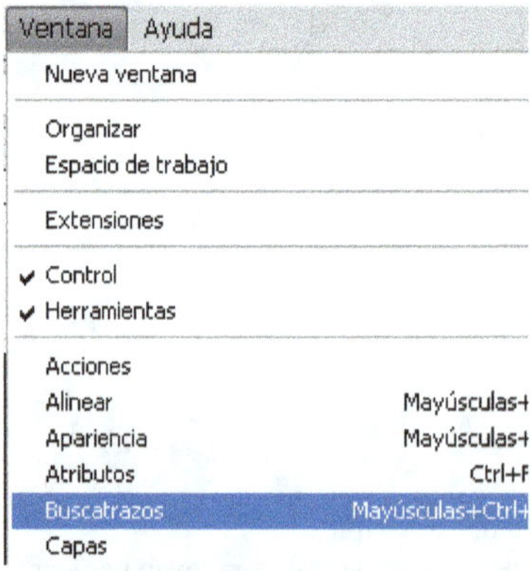

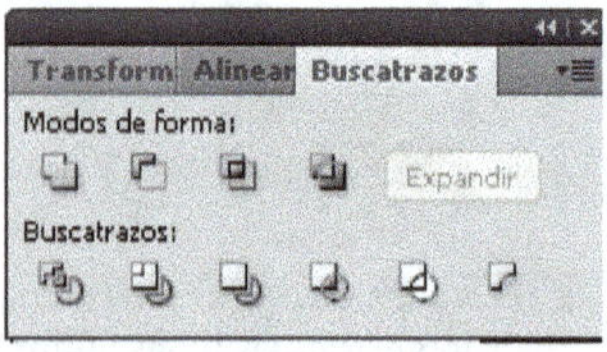

5.- Daremos a la segunda opción del modo de forma:

Obteniendo este resultado:

Pegar dentro:

Supongamos esta figura:

Lo que queremos es que el caballo se quede dentro del rectángulo central.

1.- Creamos un rectángulo (dado que es el área que queremos que entre)

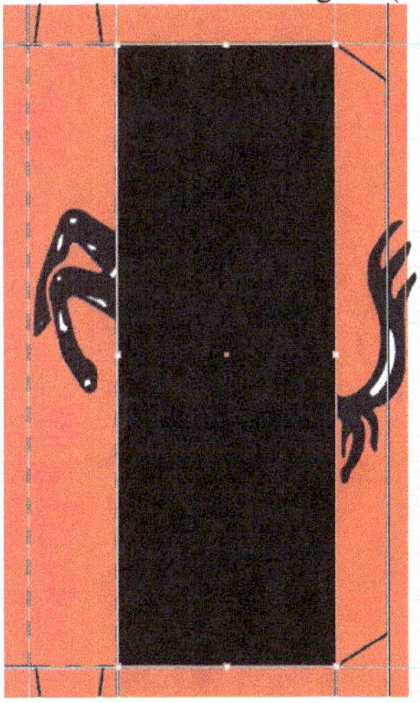

Ahora seleccionaremos ambos objetos:

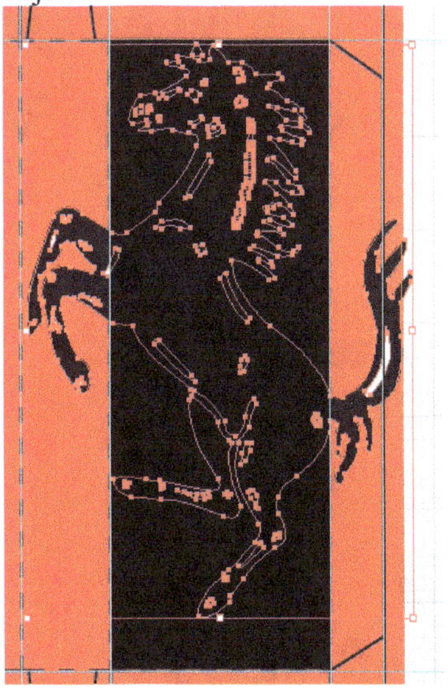

A continuación iremos a: Objeto / máscara de recorte / crear

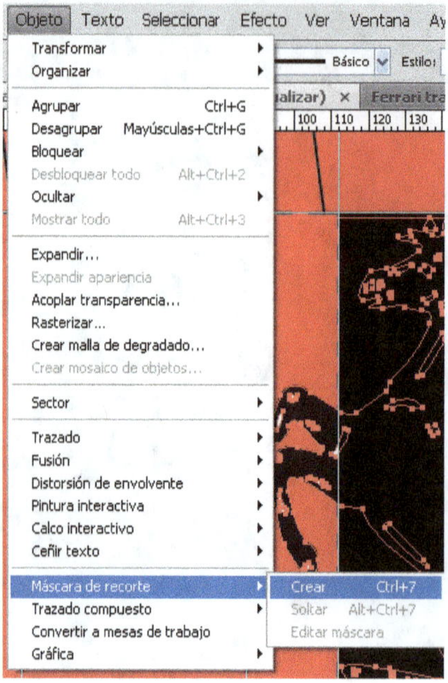

Y quedaría así:

Si lo que queremos es recuperar los originales, bastaría con ir a :

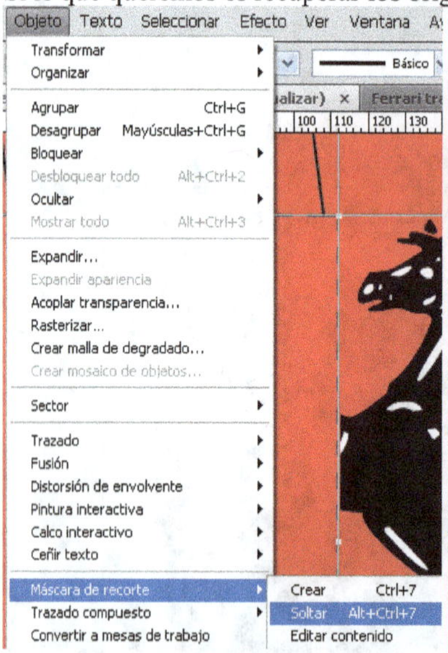

También se pueden crear:

Seleccionamos ambas figuras:

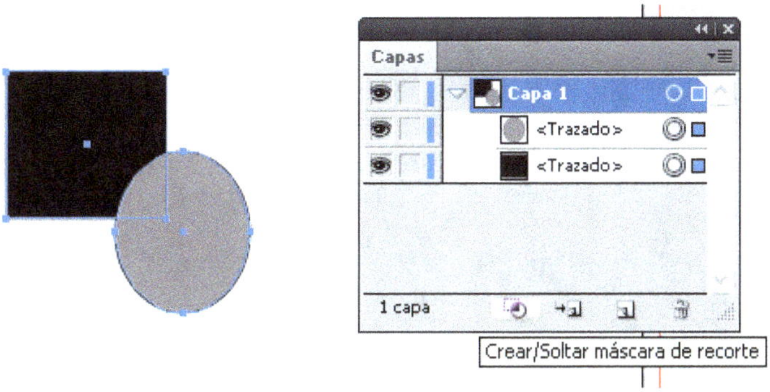

Ahora quedará así:

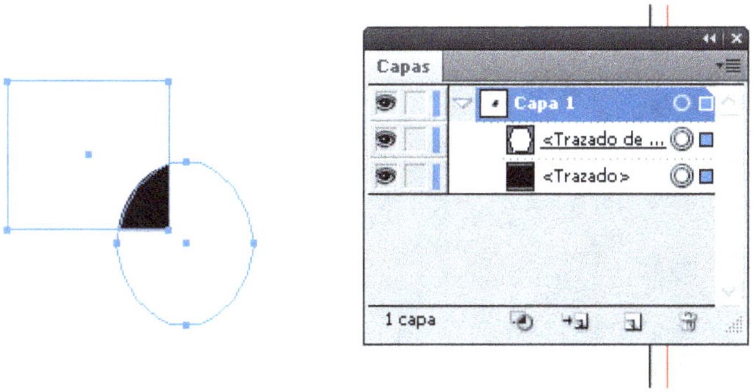

La diferencia es que no crea un grupo nuevo.

10.- Efectos.

A diferencia de Photoshop, los efectos de Illustrator, se hacen a figuras vectoriales.

Estos son todos los efectos, iremos viendo uno a uno y poco a poco…
Para los ejemplos, usaremos estas piezas:

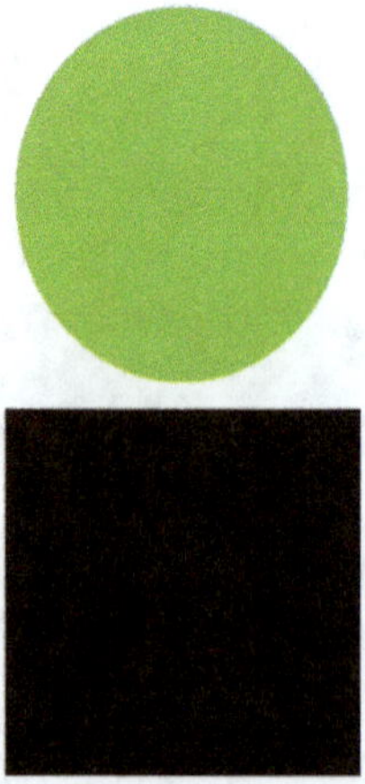

Extrusión y biselado: Muestra la figura plana haciéndola 3D, la podemos hacer más grande, desde un punto u otro…

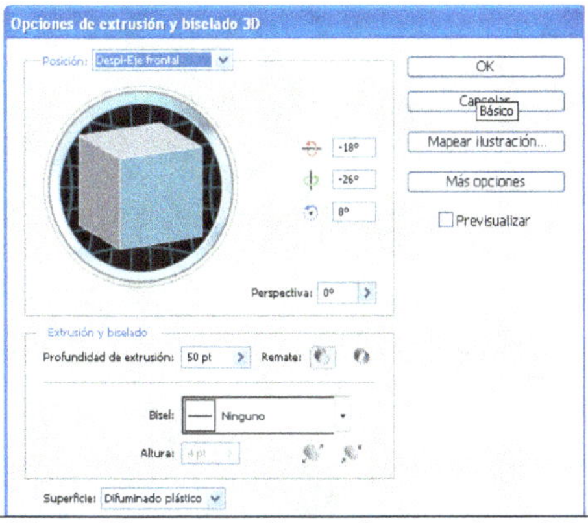

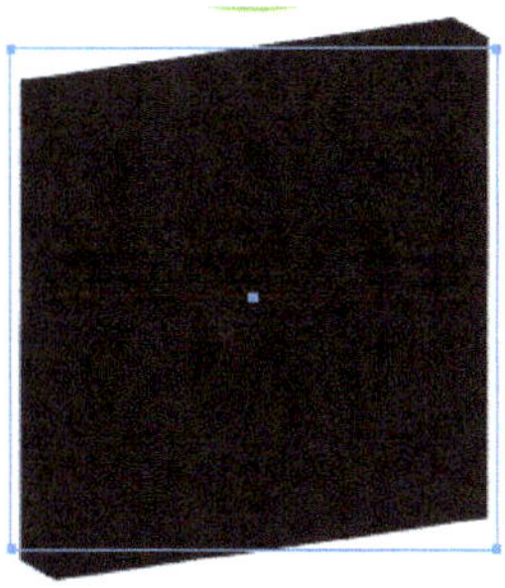

Girar: Giramos una figura plana que hace 3D.

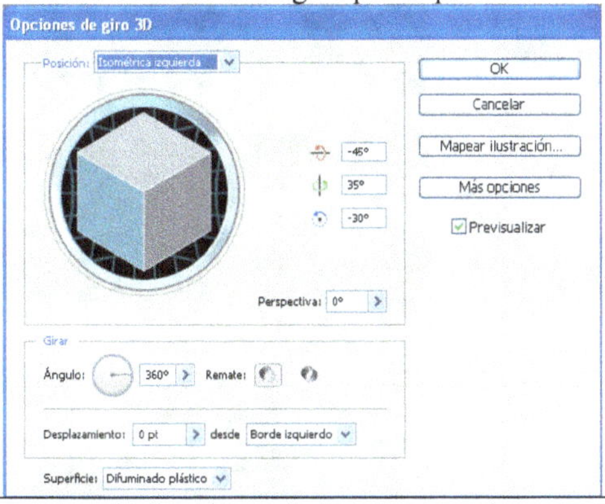

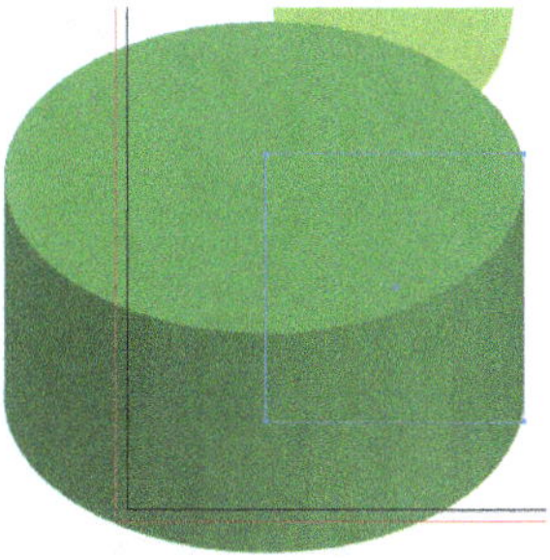

Rotar: similar al anterior, pero este no hace 3D.

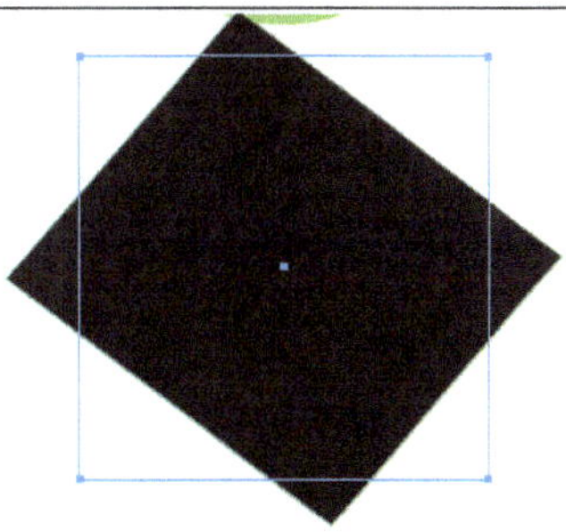

Convertir en forma

Rectángulo: Convierte cualquier figura en un rectángulo.

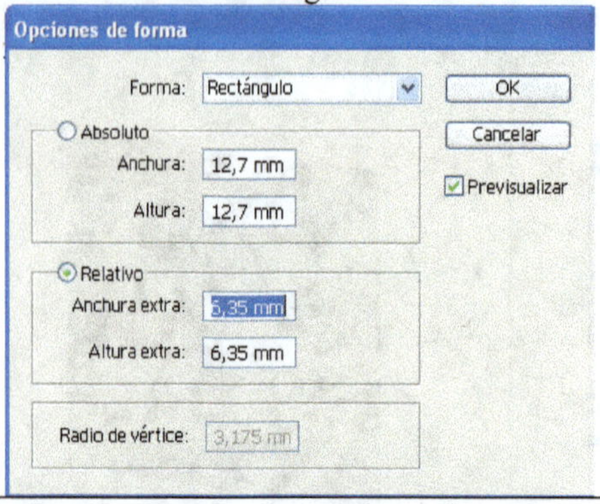

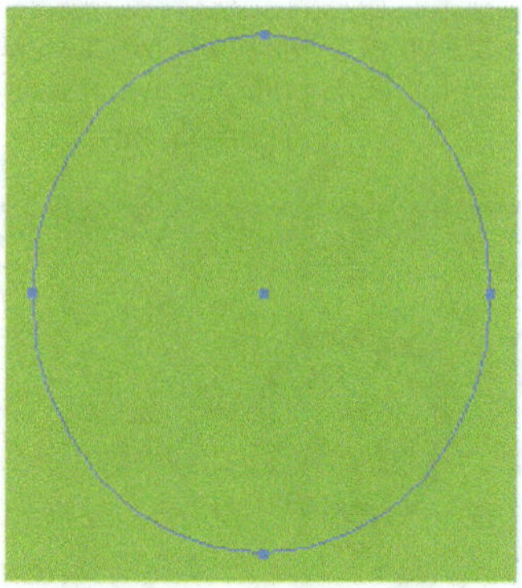

Rectángulo redondeado: Igual que el anterior, solo que no tiene esquinar a 90 grados.

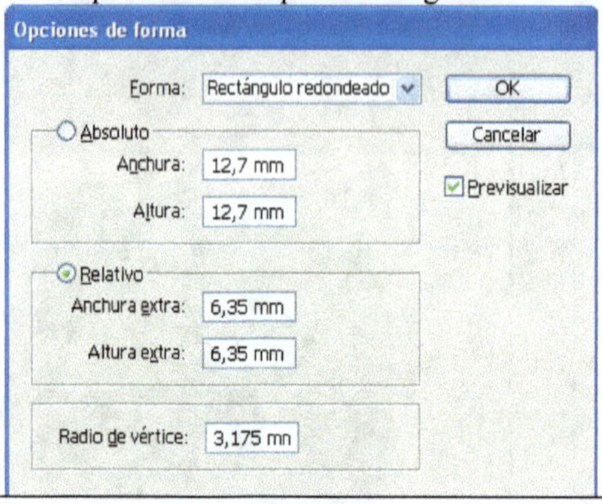

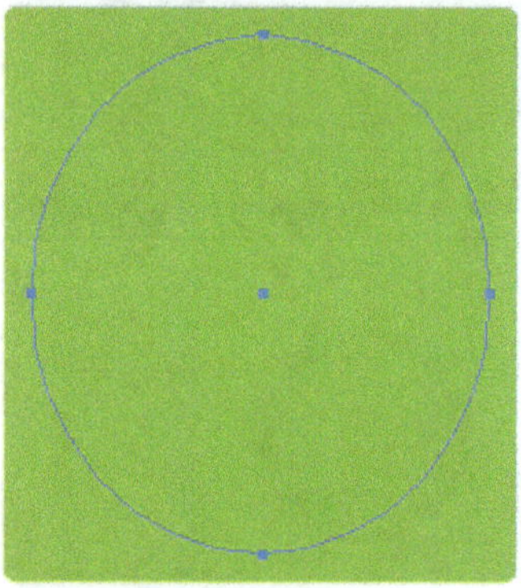

Elipse: Convierte cualquier figura en elipse.

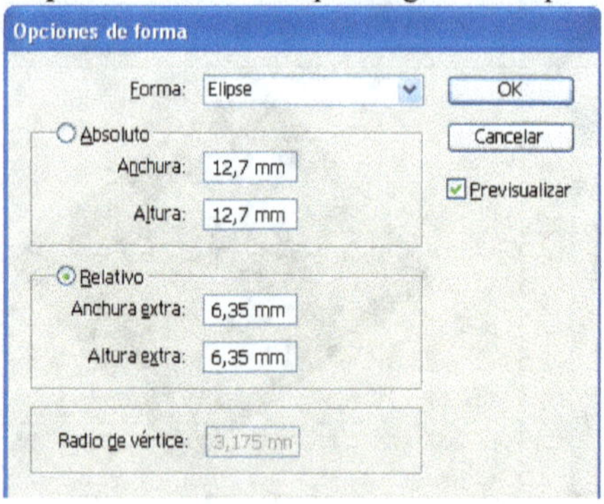

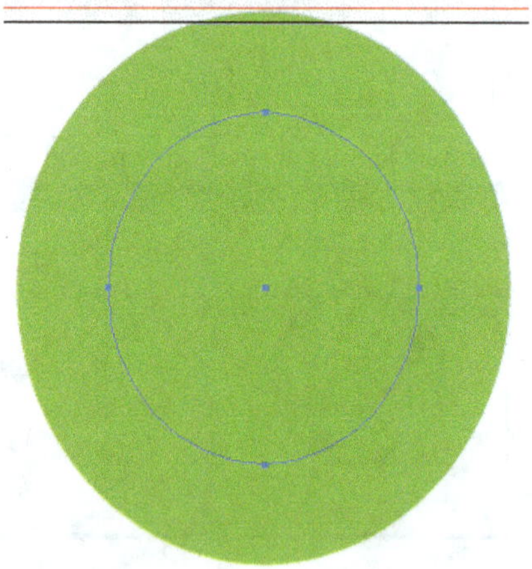

Deformar

Arco:

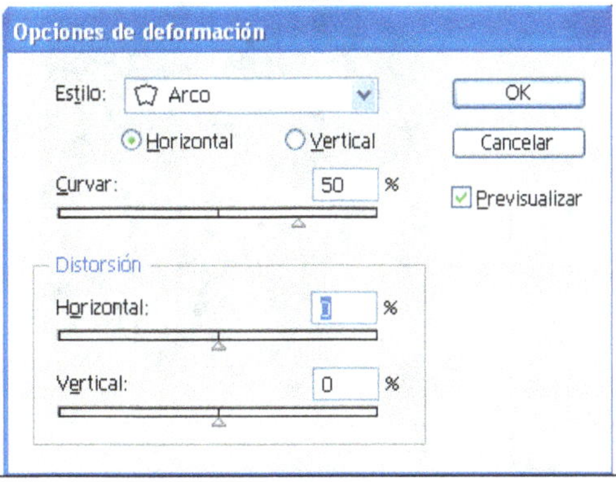
Opciones de deformación
Estilo: Arco
Horizontal
Vertical
OK
Cancelar
Curvar: 50 %
Previsualizar
Distorsión
Horizontal: 0 %
Vertical: 0 %

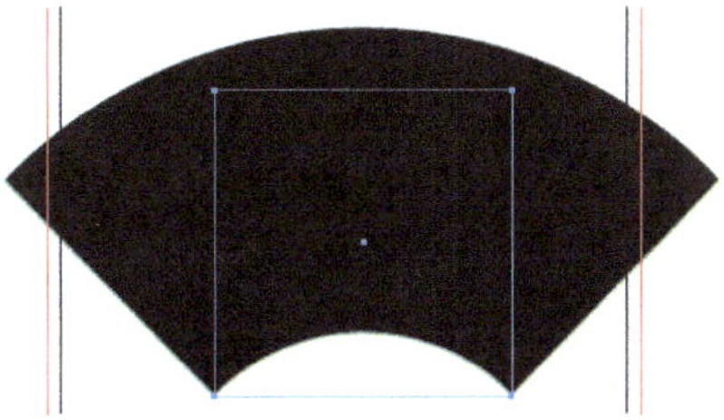

Arco inferior:

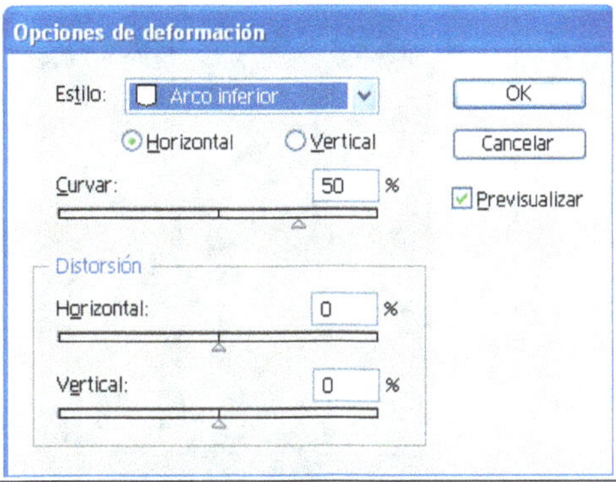
Opciones de deformación
Estilo: Arco inferior
Horizontal
Vertical
OK
Cancelar
Curvar: 50 %
Previsualizar
Distorsión
Horizontal: 0 %
Vertical: 0 %

Arco superior:

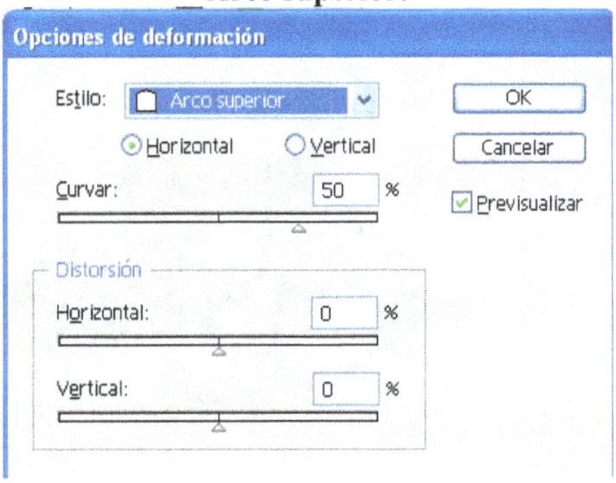
Opciones de deformación
Estilo: Arco superior
Horizontal
Vertical
OK
Cancelar
Curvar: 50 %
Previsualizar
Distorsión
Horizontal: 0 %
Vertical: 0 %

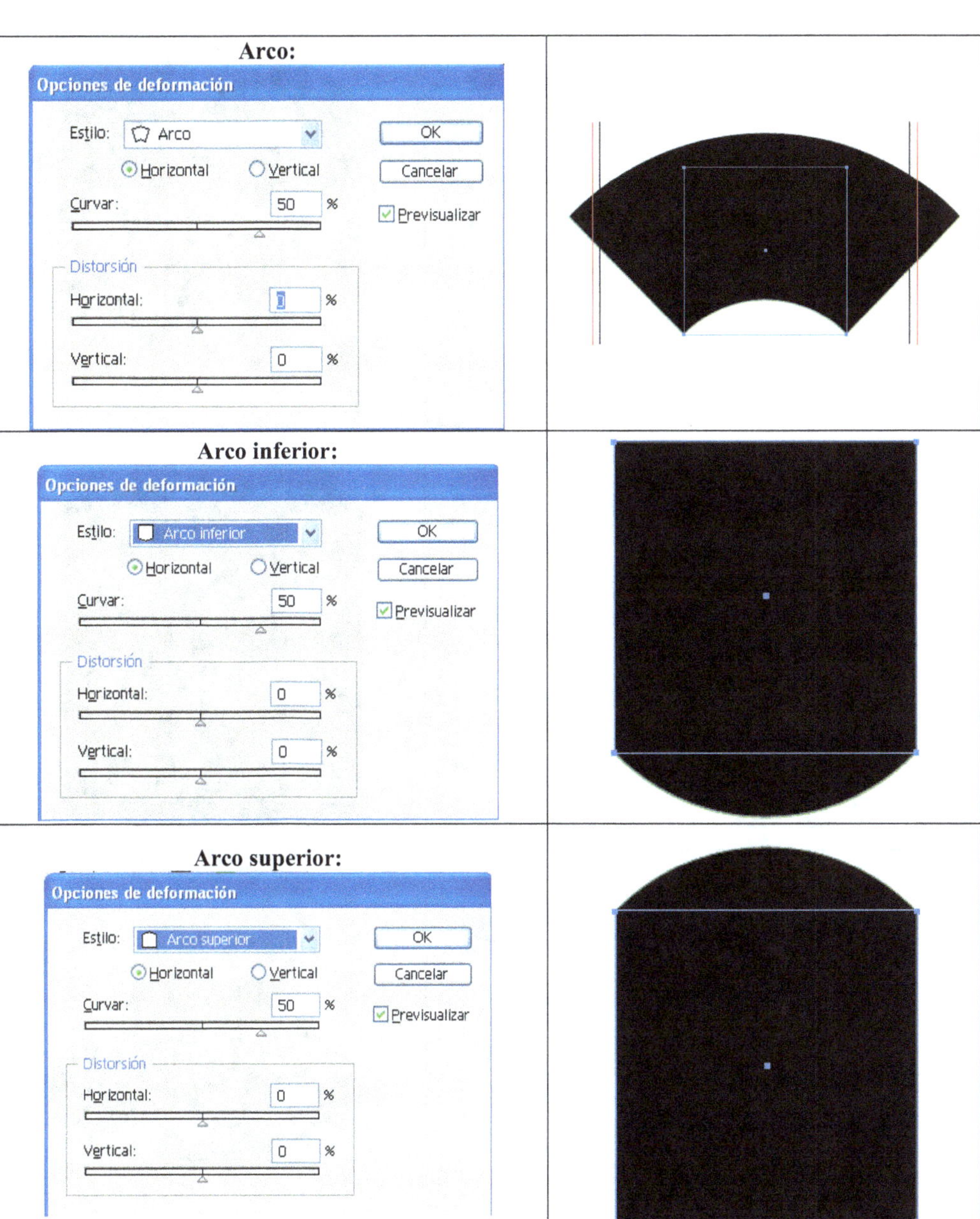

Bóveda:

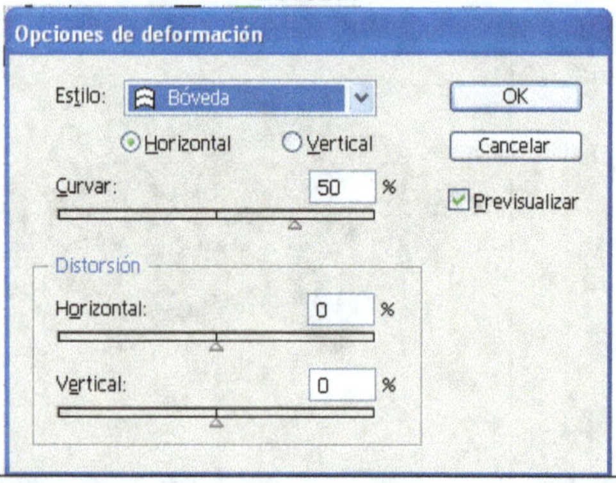

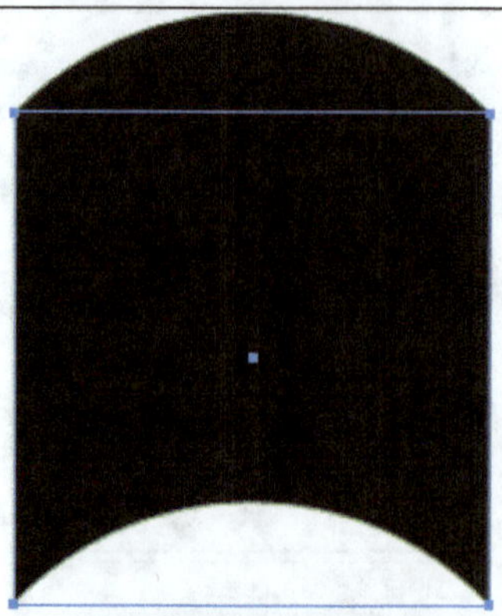

Abombar:

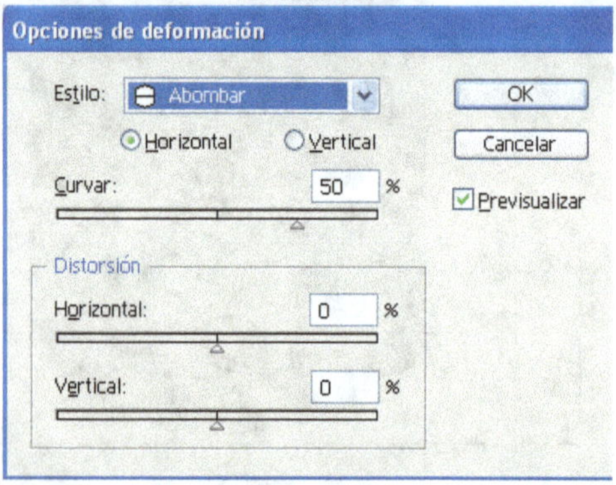

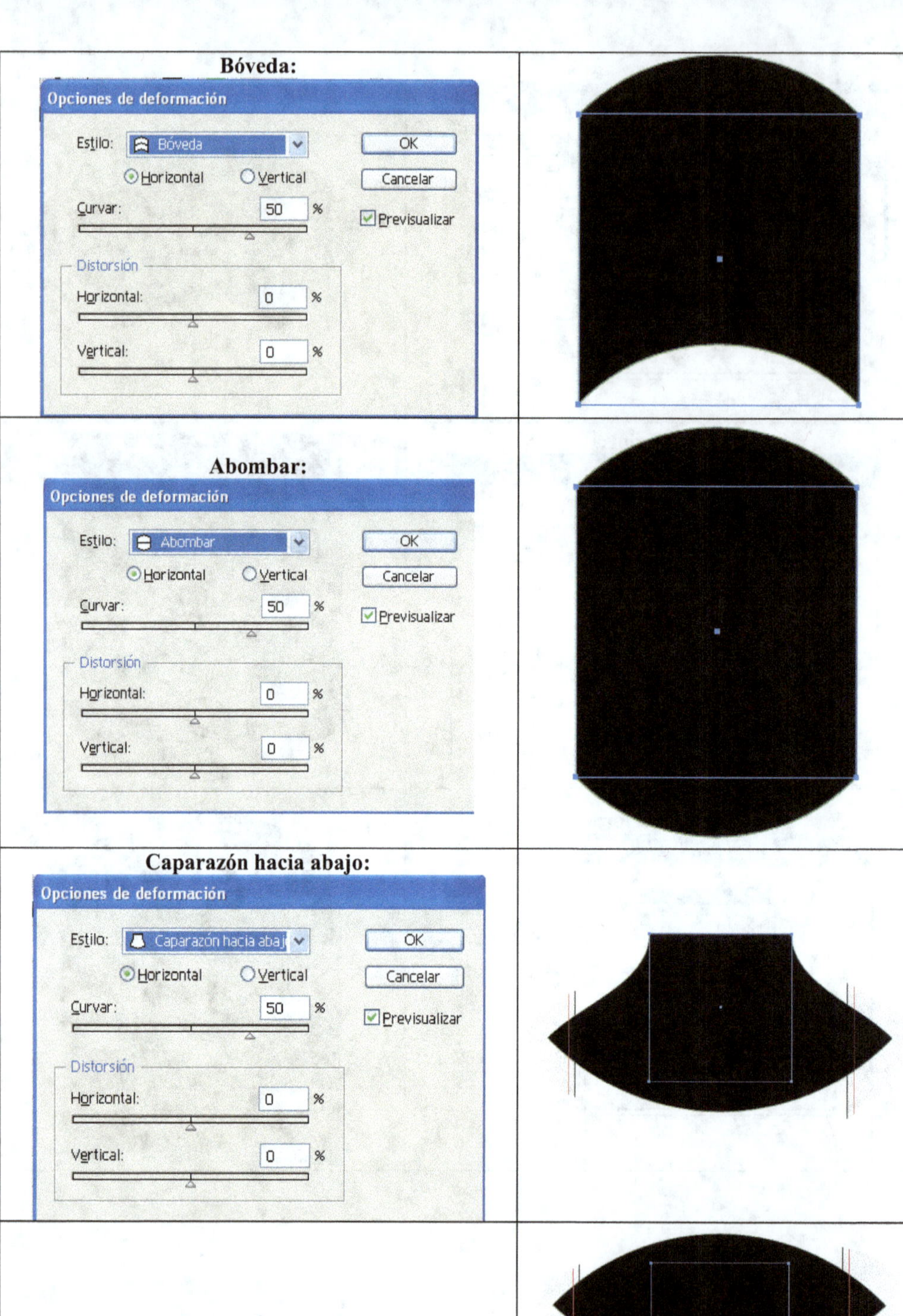

Caparazón hacia abajo:

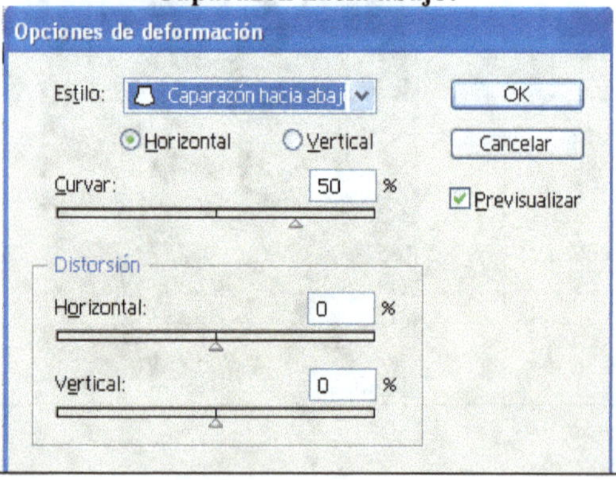

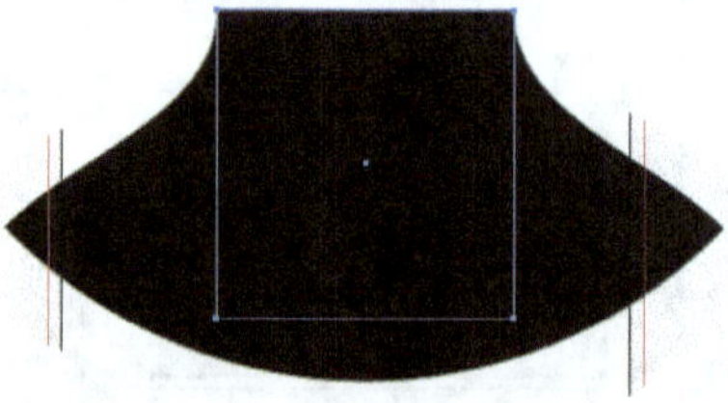

Caparazón hacia arriba:

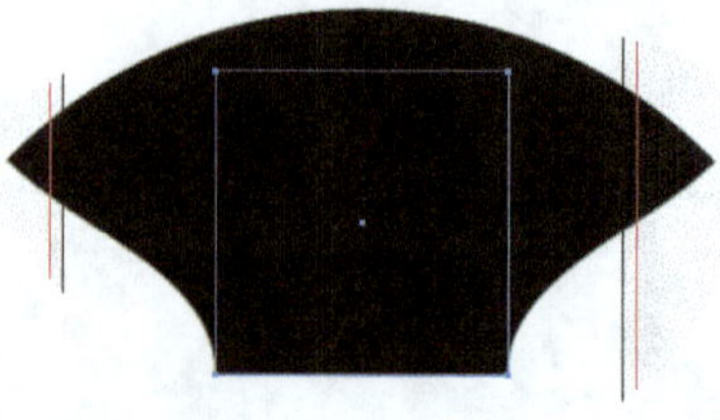

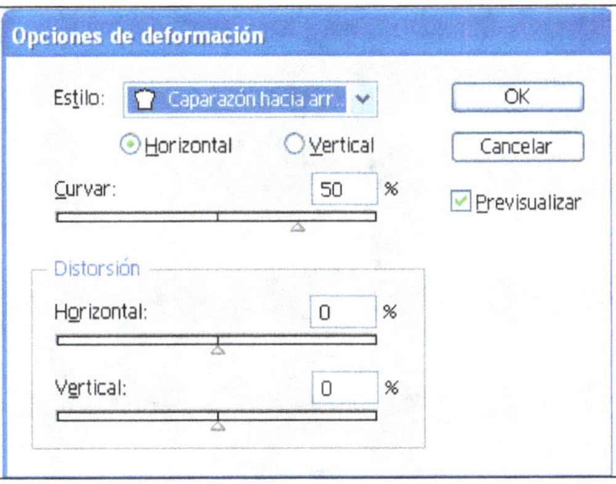
Opciones de deformación
Estilo: Caparazón hacia arr...
OK
Cancelar
Horizontal
Vertical
Curvar: 50 %
Previsualizar
Distorsión
Horizontal: 0 %
Vertical: 0 %

Bandera:

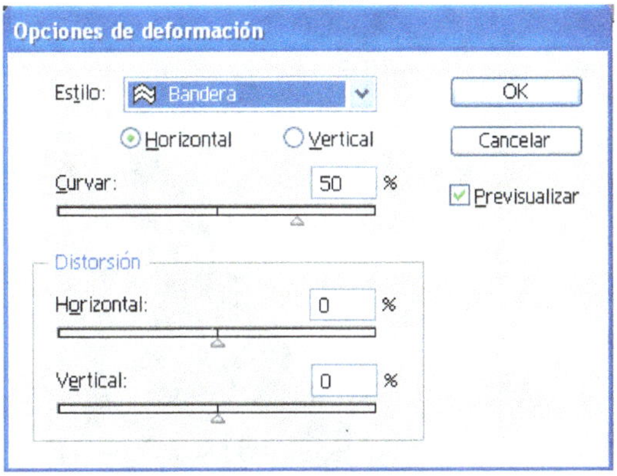
Opciones de deformación
Estilo: Bandera
OK
Cancelar
Horizontal
Vertical
Curvar: 50 %
Previsualizar
Distorsión
Horizontal: 0 %
Vertical: 0 %

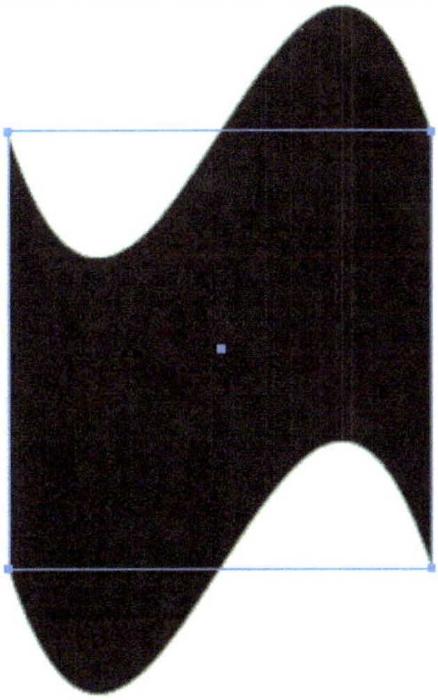

Onda: Similar al anterior.

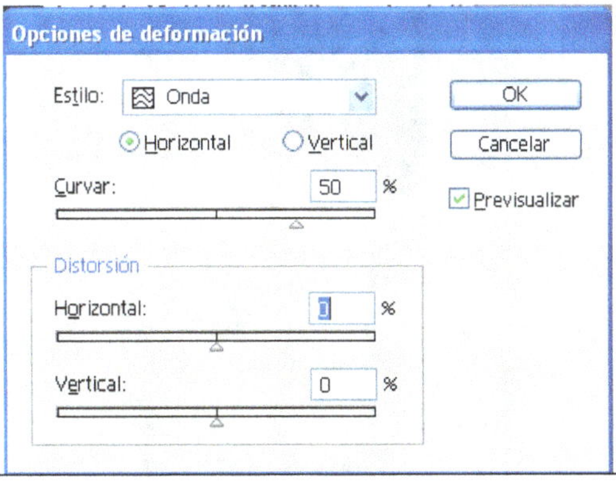
Opciones de deformación
Estilo: Onda
OK
Cancelar
Horizontal
Vertical
Curvar: 50 %
Previsualizar
Distorsión
Horizontal: %
Vertical: 0 %

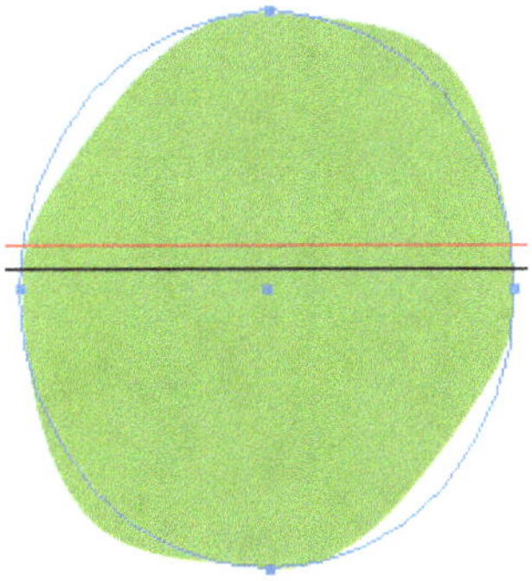

Pez:

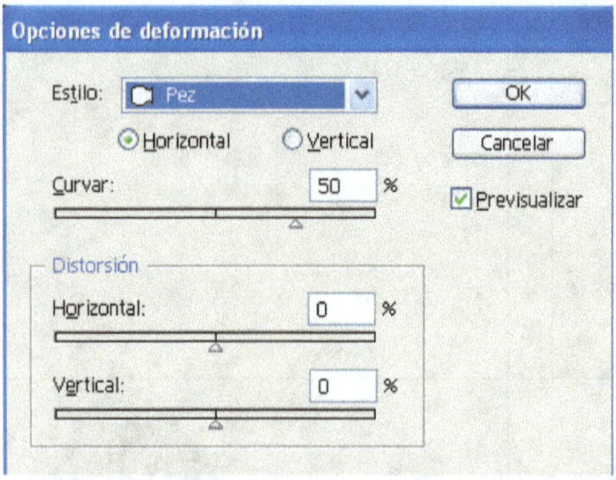

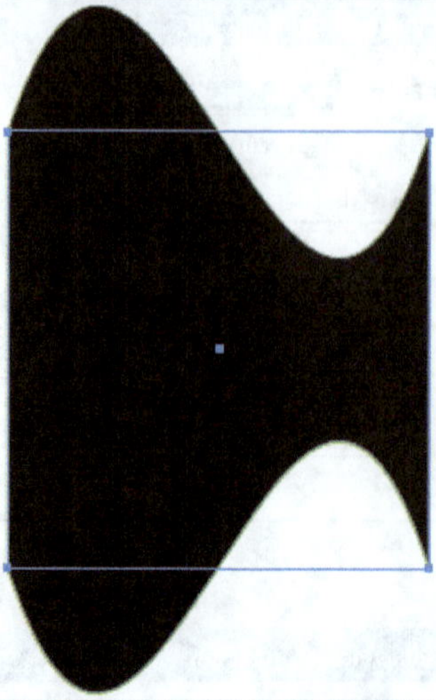

Elevar:

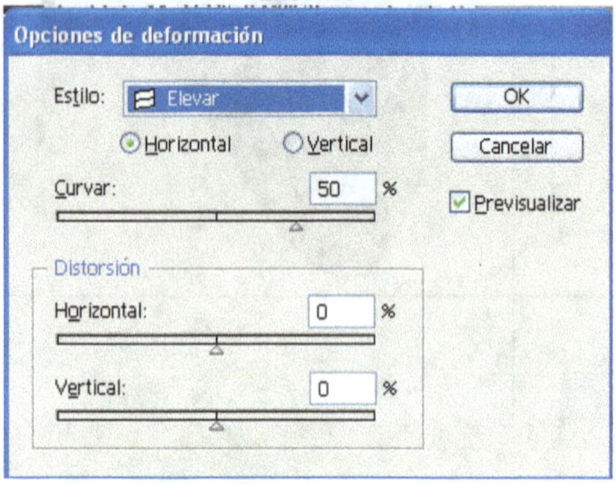

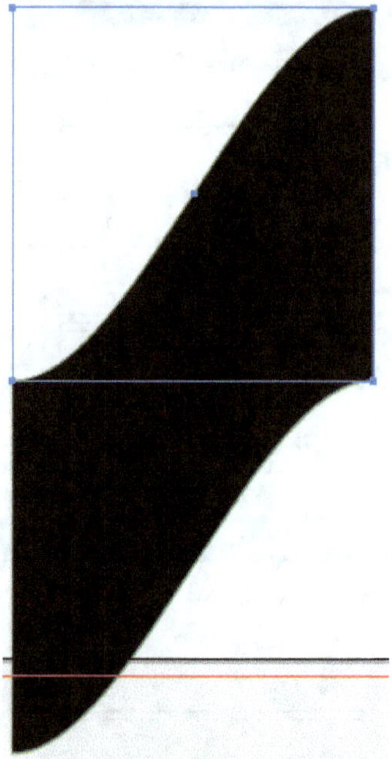

Ojo de pez:

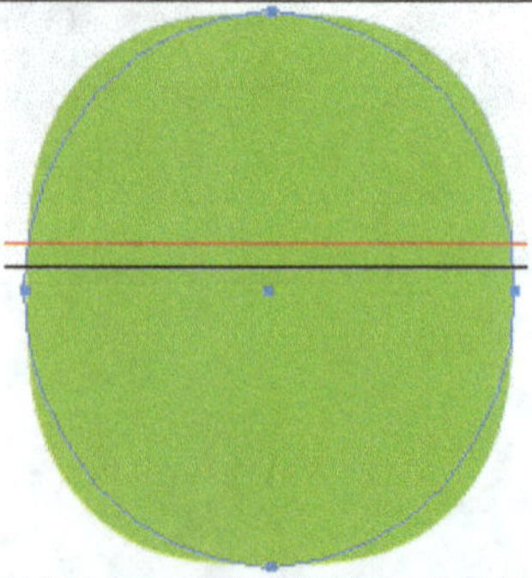

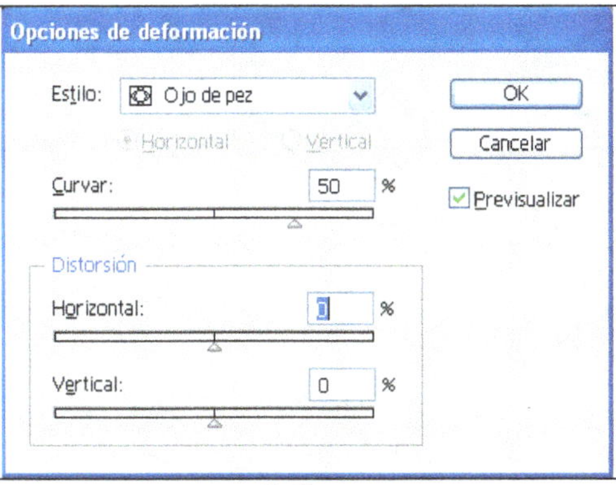

Inflar:

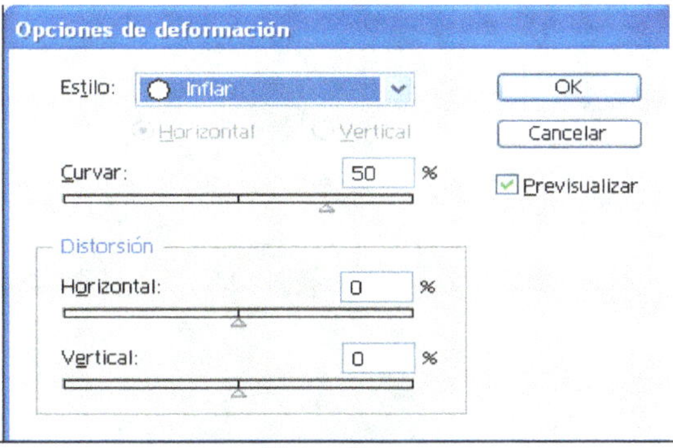

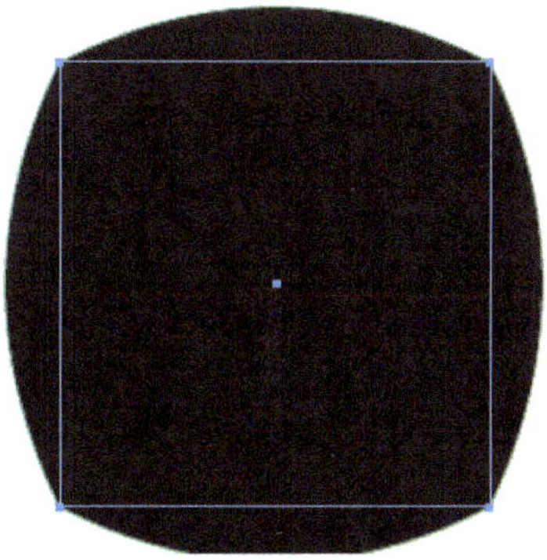

Estrechar:

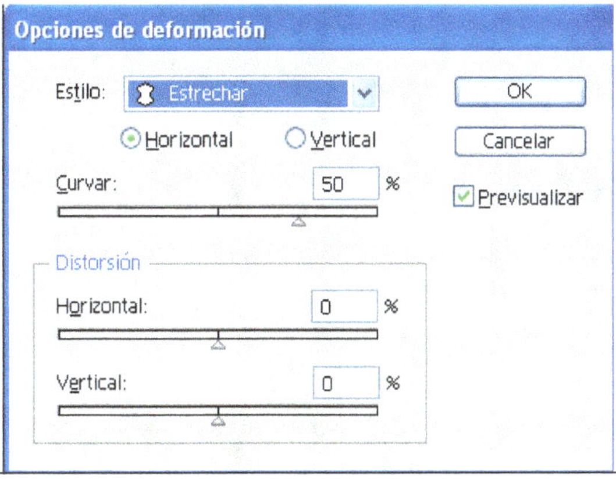

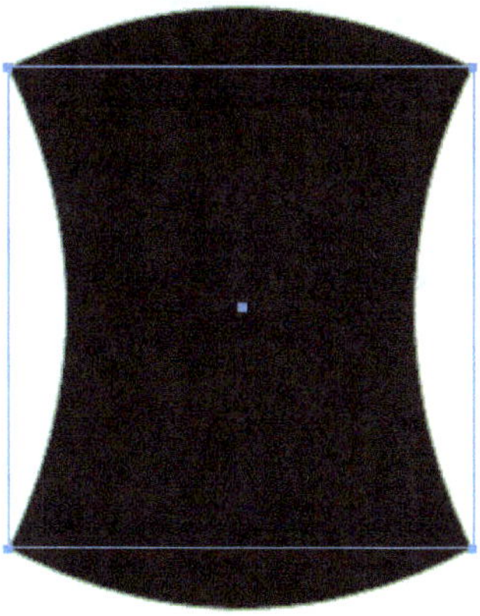

Torcer:

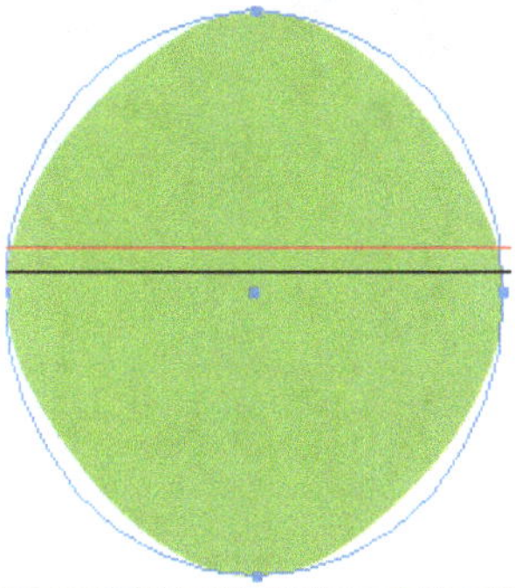

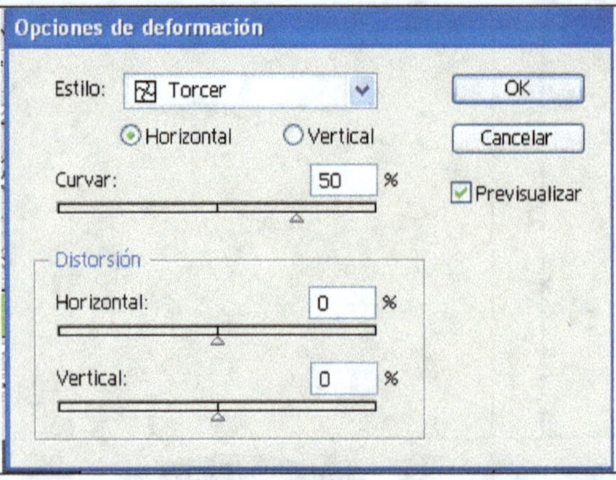

Distorsionar y transformar.

Ajustar:

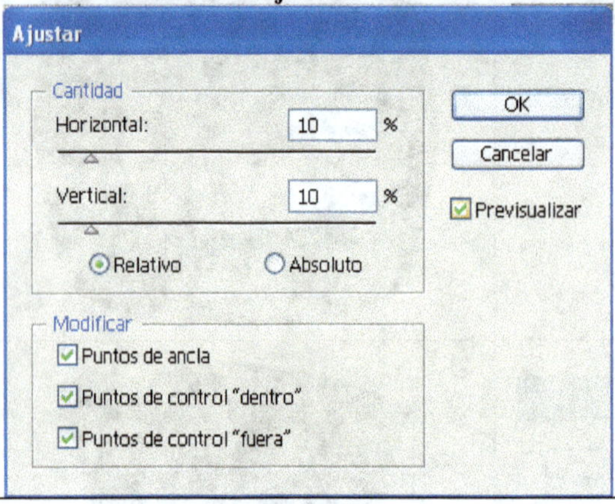

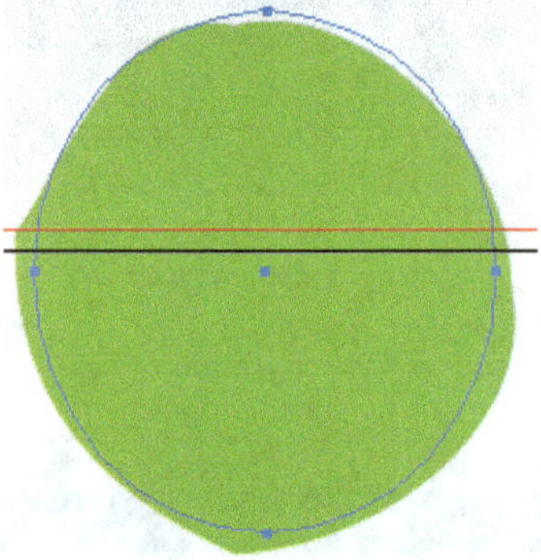

Distorsión libre:

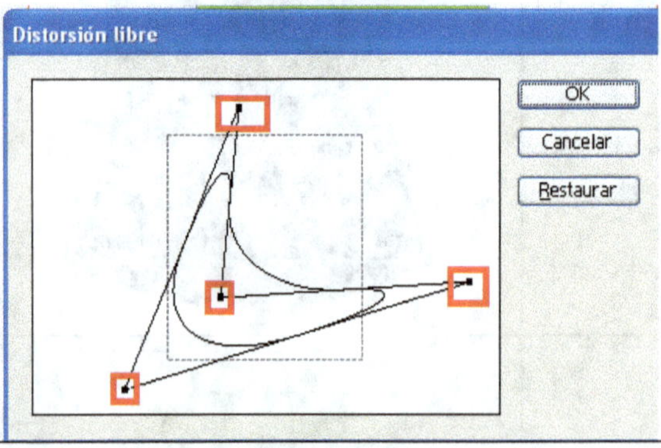

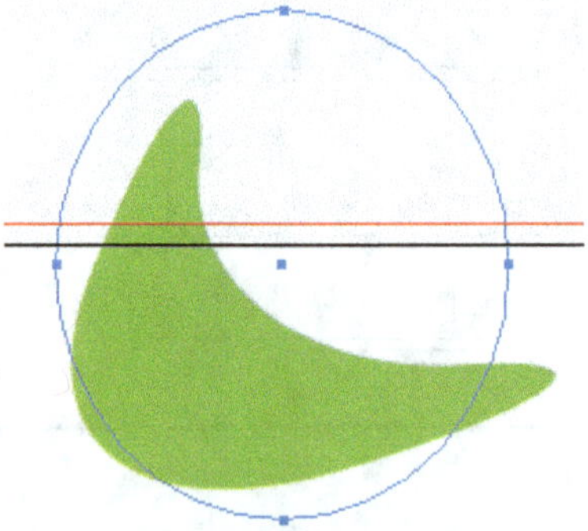

Emborronar:

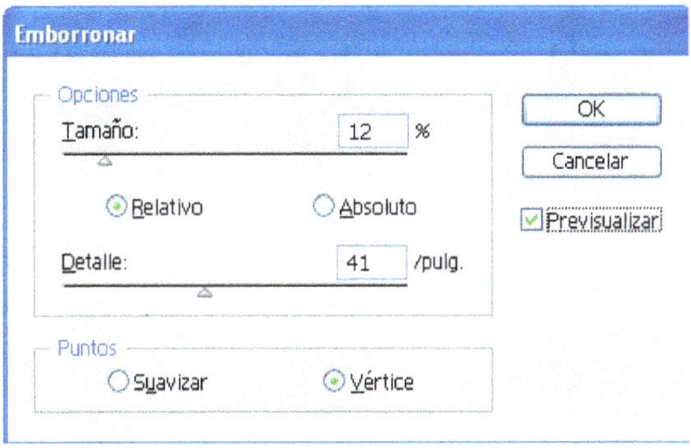

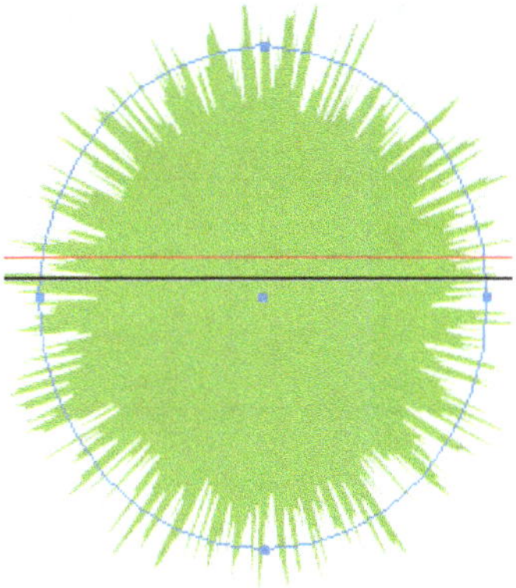

Fruncir y engordar:

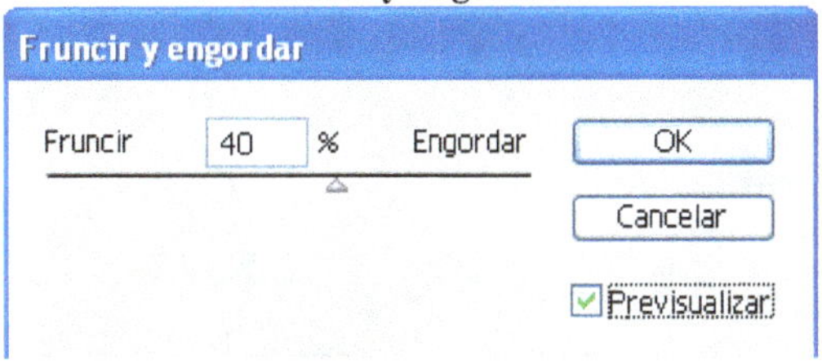

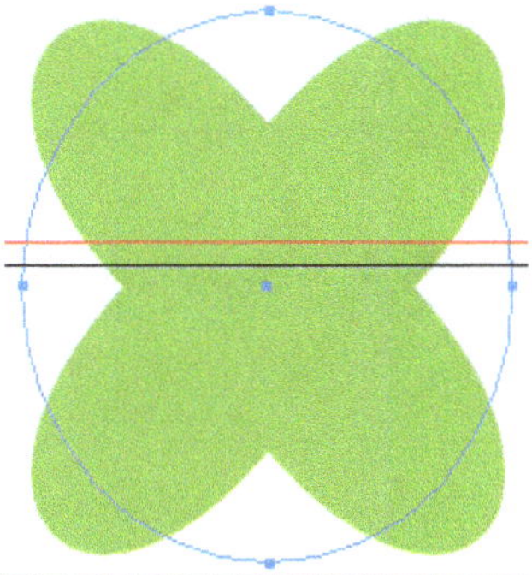

Torcer:

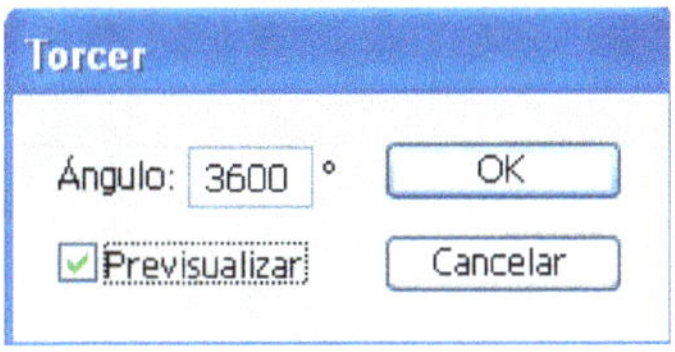

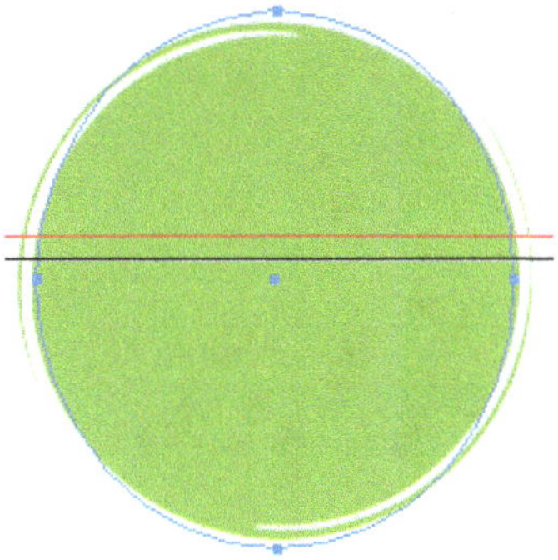

Transformar: Sirve para hacer matrices:

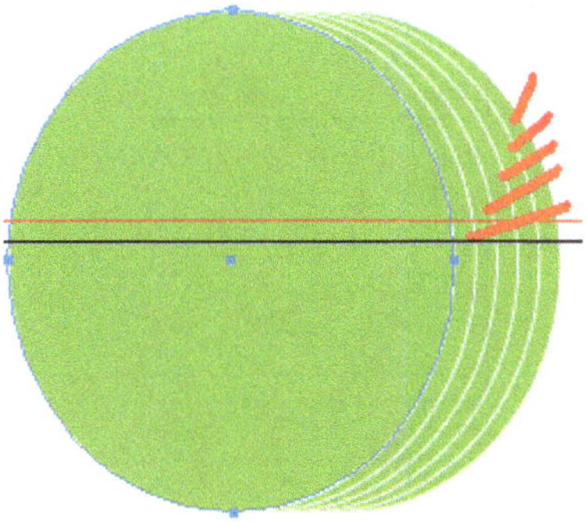

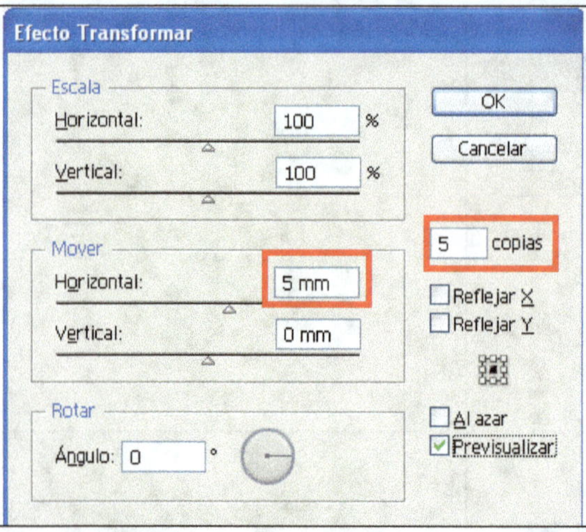Efecto Transformar Escala Horizontal: 100 % Vertical: 100 % Mover Horizontal: 5 mm Vertical: 0 mm Rotar Ángulo: 0 ° OK Cancelar 5 copias Reflejar X Reflejar Y Al azar Previsualizar	
Zigzag: 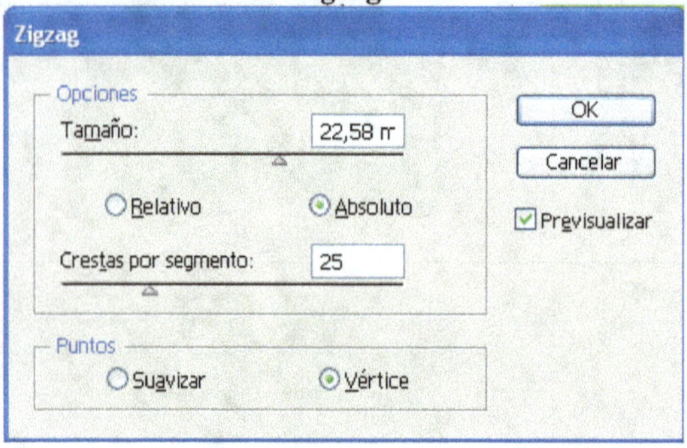Zigzag Opciones Tamaño: 22,58 m Relativo Absoluto Crestas por segmento: 25 Puntos Suavizar Vértice OK Cancelar Previsualizar	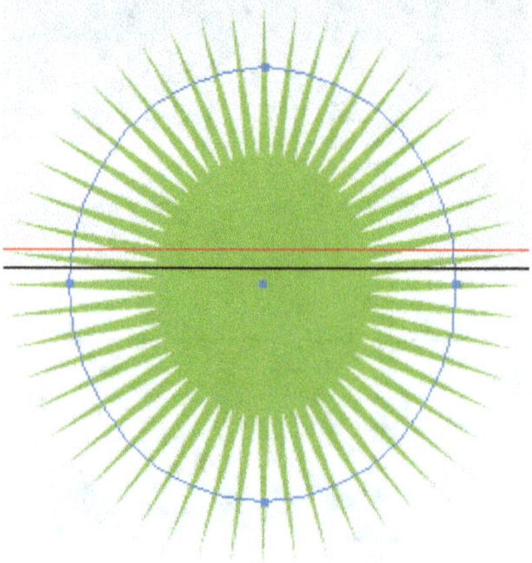
Estilizar	
Añadir punta de flecha: 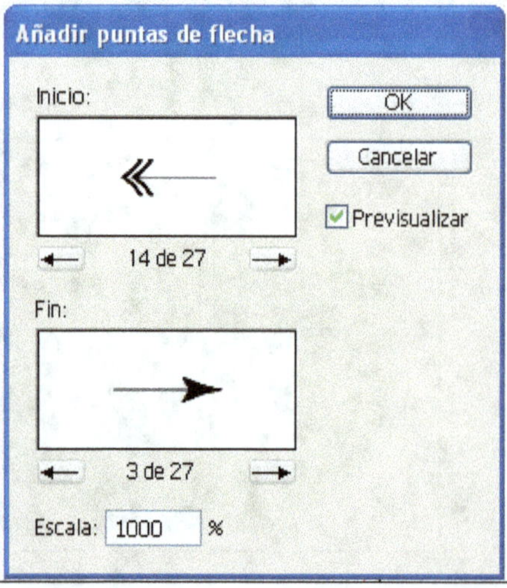Añadir puntas de flecha Inicio: 14 de 27 Fin: 3 de 27 Escala: 1000 % OK Cancelar Previsualizar	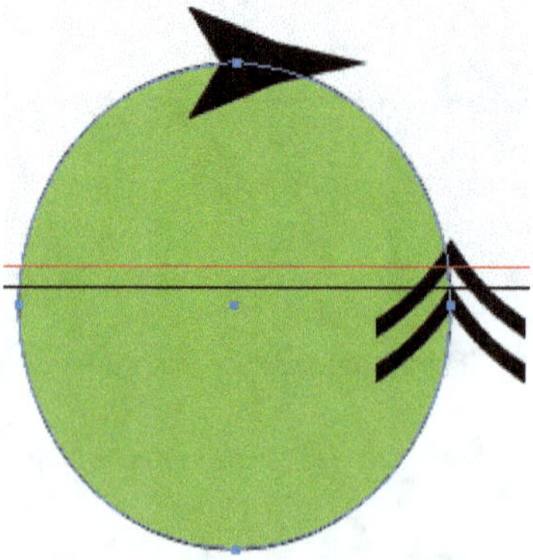

Desvanecer: Igual que en Photoshop, desvanecer/opacidad

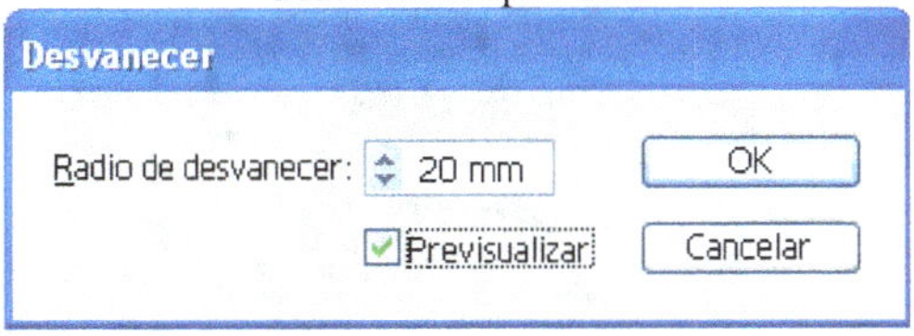

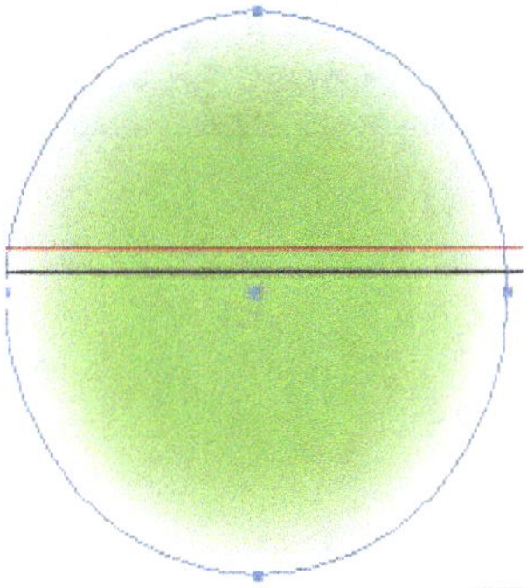

Garabatear:

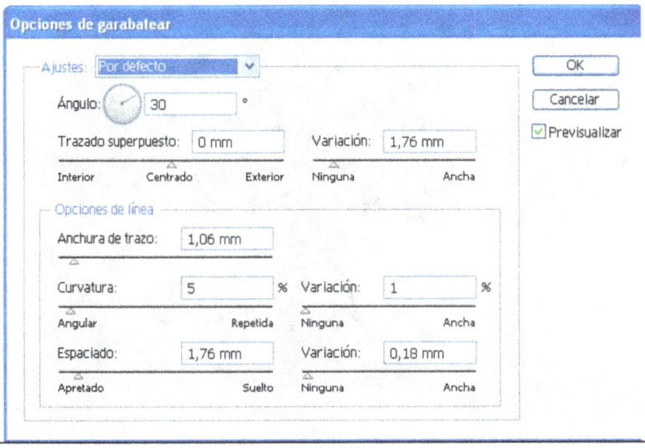

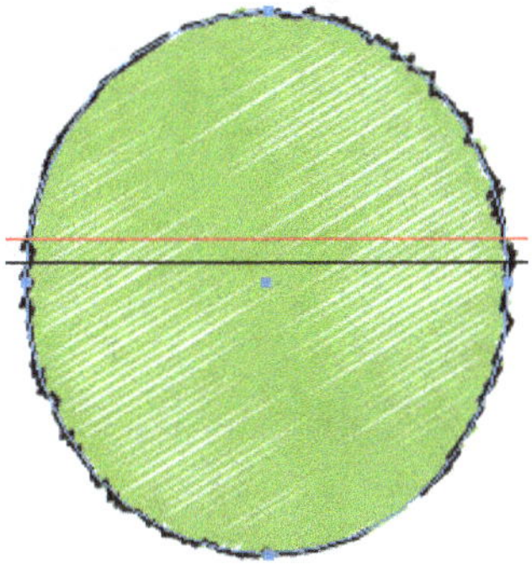

Redondear vértices:

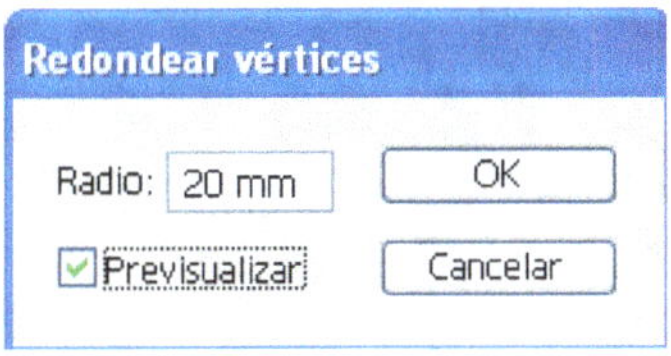

Resplandor exterior:

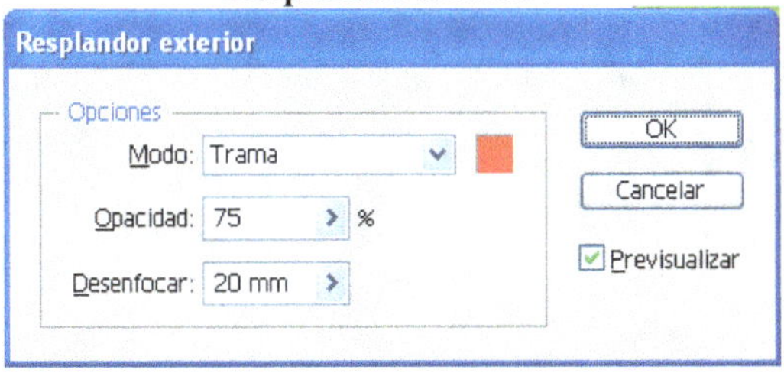

<table>
<tr>
<td>Resplandor interior:
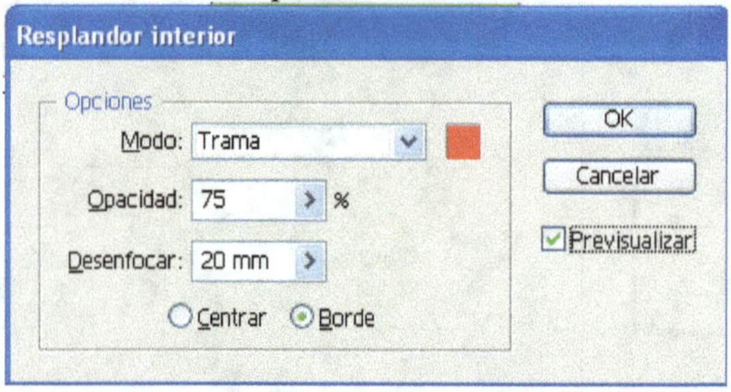
</td>
<td>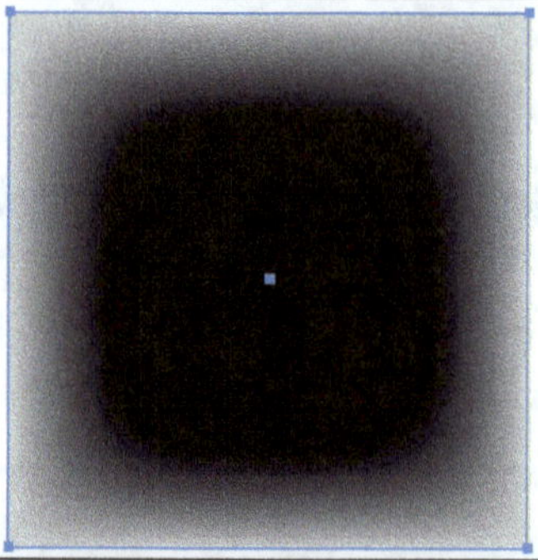</td>
</tr>
<tr>
<td>Sombra paralela:
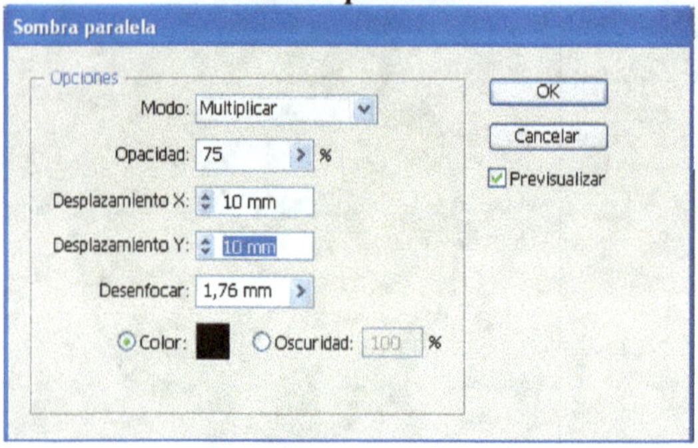
</td>
<td> 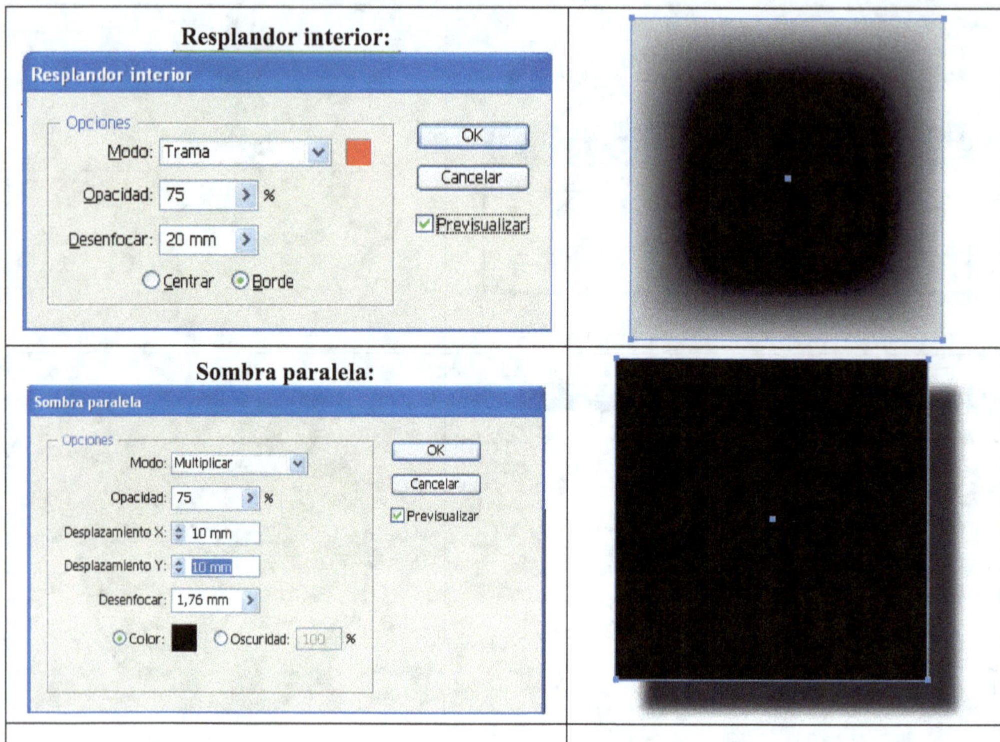</td>
</tr>
<tr>
<td></td>
<td></td>
</tr>
</table>

Todos estos efectos, siempre es mejor darlos en Photoshop, sin embargo, solamente recomiendan usarlos en illustrator, cuando no haya ninguna imagen pixelada, es decir, si estamos trabajando siempre con imágenes vectorizadas es mejor usar estos efectos en Illustrator.

11.- Herramienta objeto / trazado.

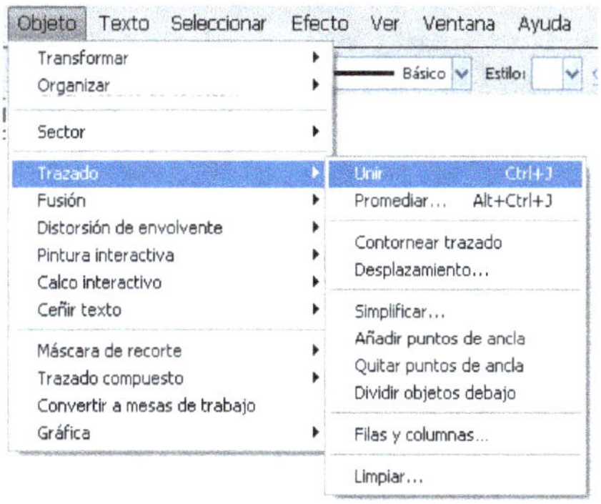

<table>
<tr>
<td>Unir: une un trazado, para así tener la pieza cerrada y dar relleno.</td>
<td>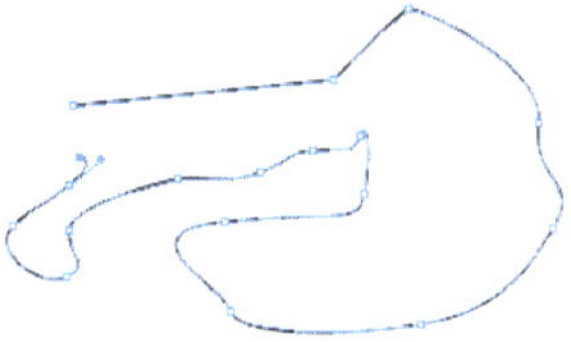</td>
<td>Daremos a unir:
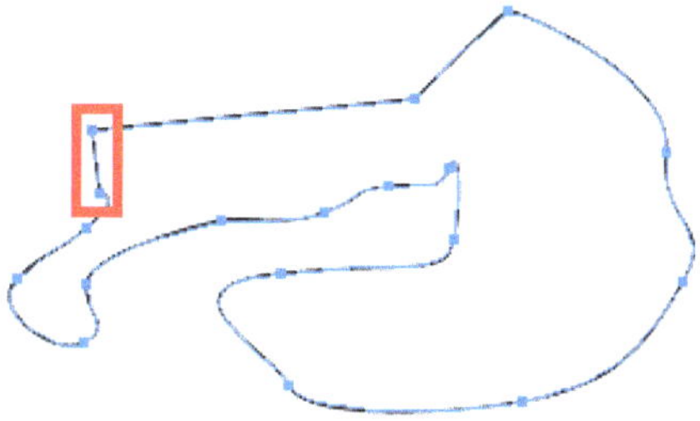</td>
</tr>
<tr>
<td>Promediar: calcula una línea de puntos para dejarlos por el mismo sitio, no es lógico y hace lo que le da la gana.</td>
<td>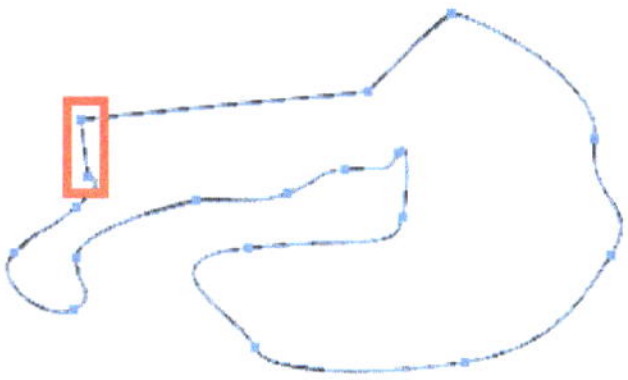</td>
<td>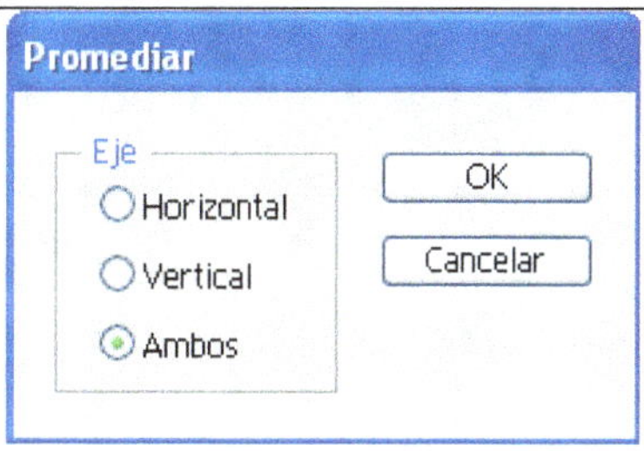

Horizontal:

Vertical: Ambos:
 </td>
</tr>
</table>

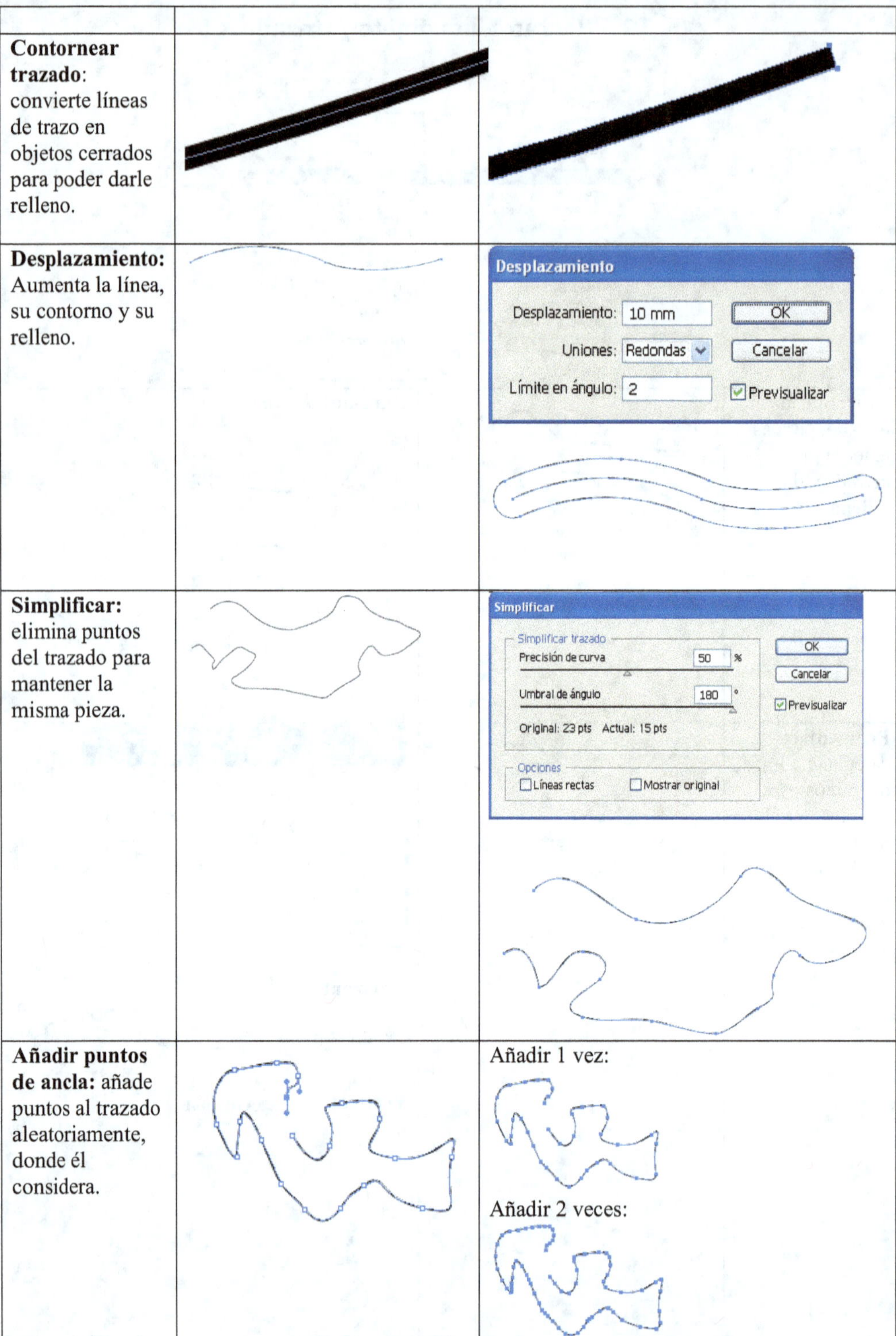

<table>
<tr><td></td><td></td><td></td></tr>
<tr><td>Contornear trazado: convierte líneas de trazo en objetos cerrados para poder darle relleno.</td><td></td><td>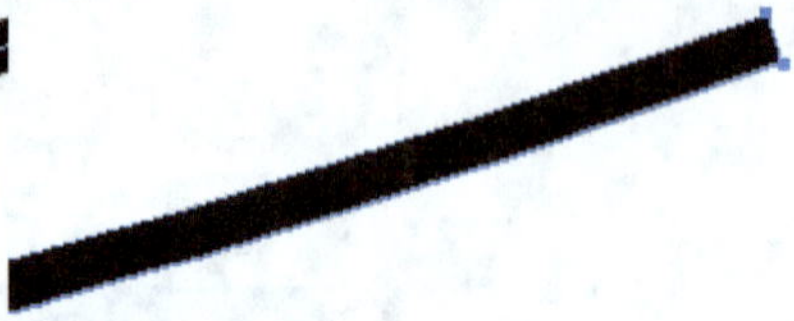</td></tr>
<tr><td>Desplazamiento: Aumenta la línea, su contorno y su relleno.</td><td>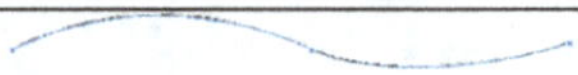</td><td>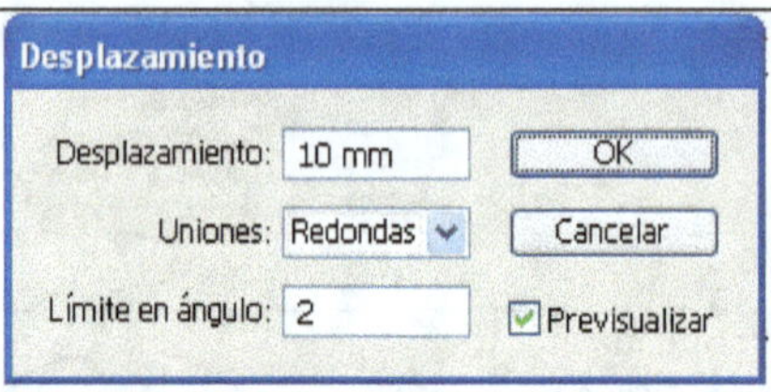

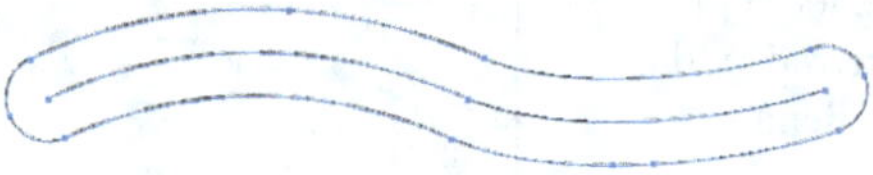</td></tr>
<tr><td>Simplificar: elimina puntos del trazado para mantener la misma pieza.</td><td>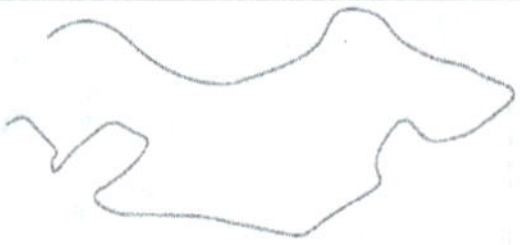</td><td>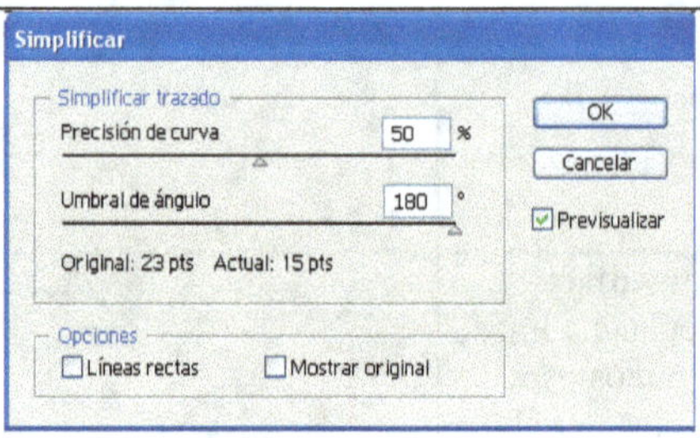

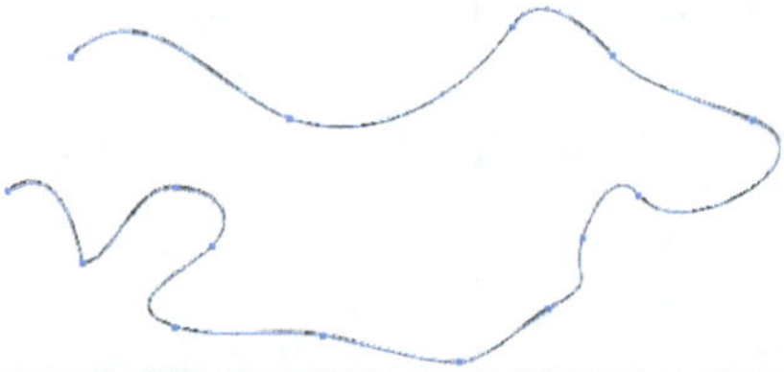</td></tr>
<tr><td>Añadir puntos de ancla: añade puntos al trazado aleatoriamente, donde él considera.</td><td>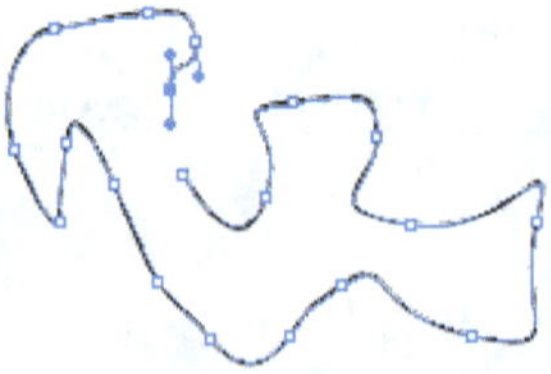</td><td>Añadir 1 vez:

Añadir 2 veces:
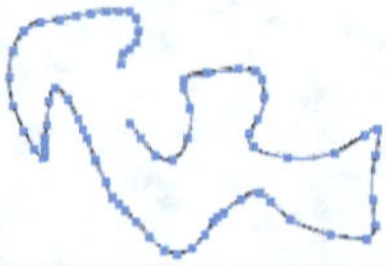</td></tr>
</table>

Quitar puntos de ancla: lo contrario al anterior, elimina puntos aleatorios.	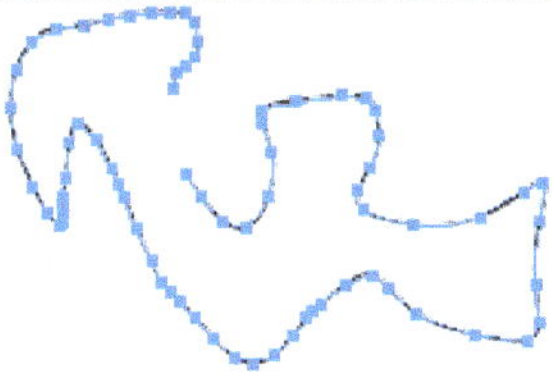	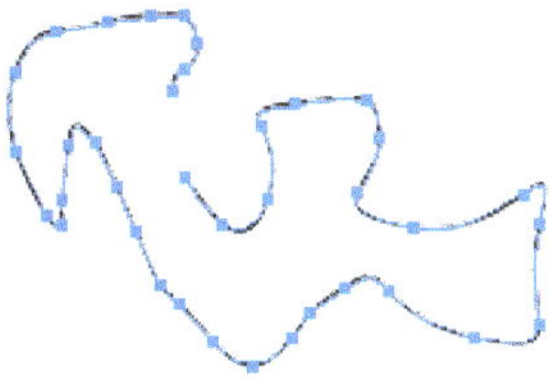
Dividir objetos debajo: Similar a las tijeras, divide objetos en función de los objetos que tengas encima, es decir, corta una de abajo, en función del que tenga encima. * con la particularidad, que simplemente debes seleccionar 1, no te permite seleccionar más, es decir, si tienes seleccionado uno de arriba, dividirá el de abajo, da igual cual sea.	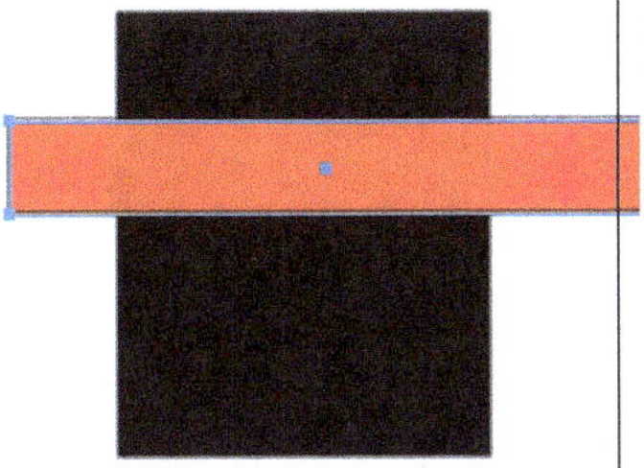	 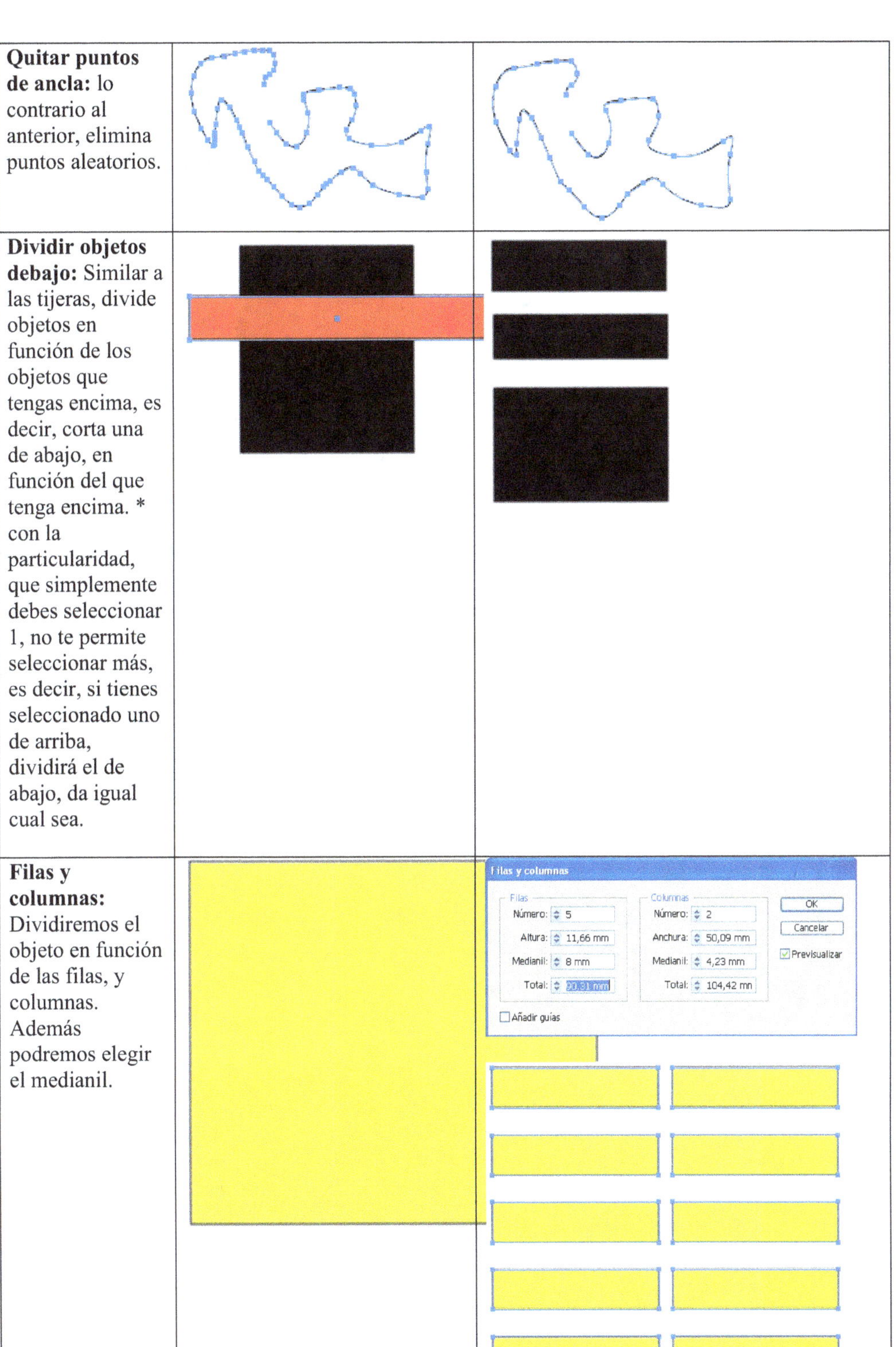
Filas y columnas: Dividiremos el objeto en función de las filas, y columnas. Además podremos elegir el medianil.		

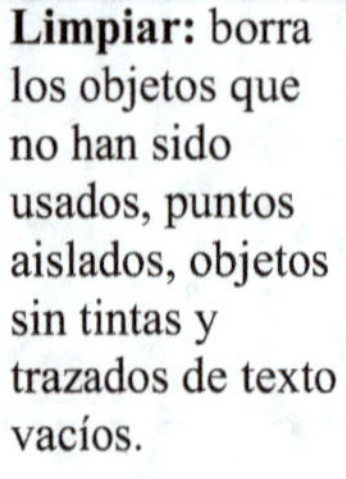

<table>
<tr>
<td>Limpiar: borra los objetos que no han sido usados, puntos aislados, objetos sin tintas y trazados de texto vacíos.</td>
<td>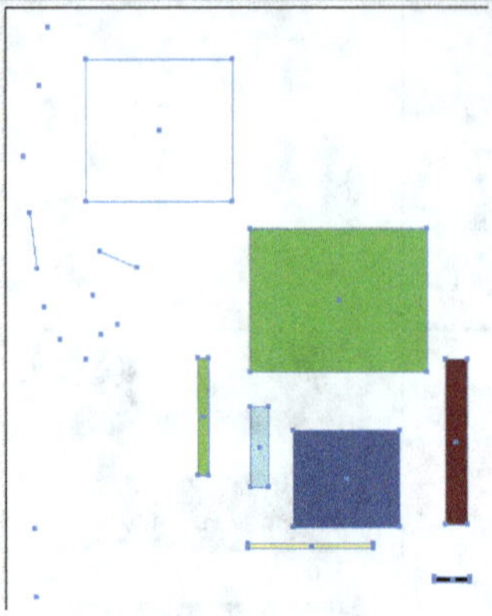</td>
<td>Como podemos observar, a veces la mesa de trabajo tiene objetos dibujados que no sirven para nada…
Para borrarlos:
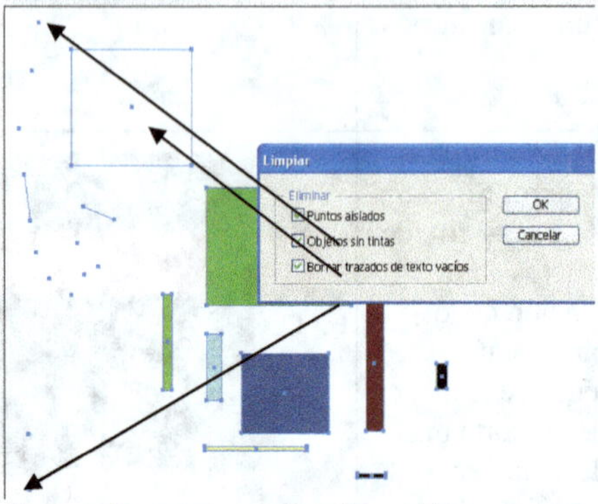

Como observamos a continuación, estos elementos han sido borrados.
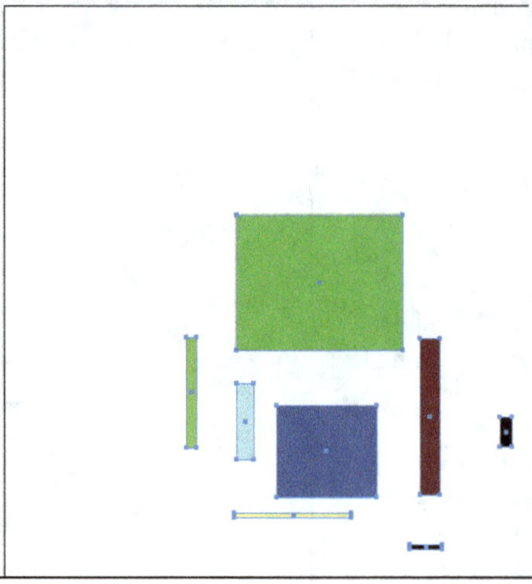</td>
</tr>
</table>

Distorsión de envolvente.

Podríamos definir la distorsión de envolvente como la forma de conseguir que los objetos o figuras tengan distintas formas, esto puede usarse para hacer banderas…

Lo primero es importar una imagen cualquiera:

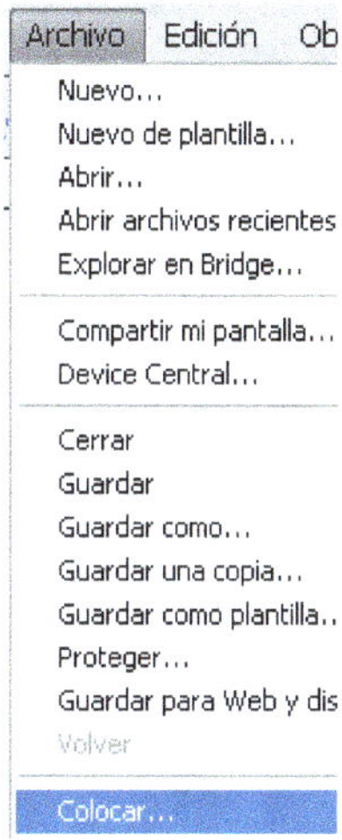

Dentro de la distorsión tenemos varias opciones:

- **Crear con deformación.**
- **Crear con malla.**
- **Crear con objeto superior.**
- **Soltar.**
- **Opciones de envolvente.**
- **Expandir.**
- **Editar contenido.**

Crear con deformación:

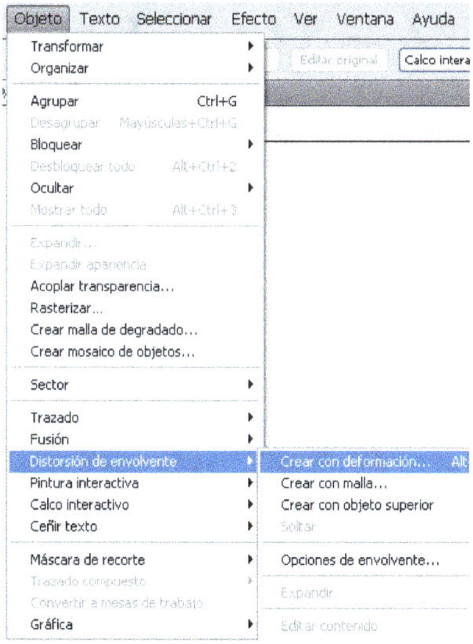

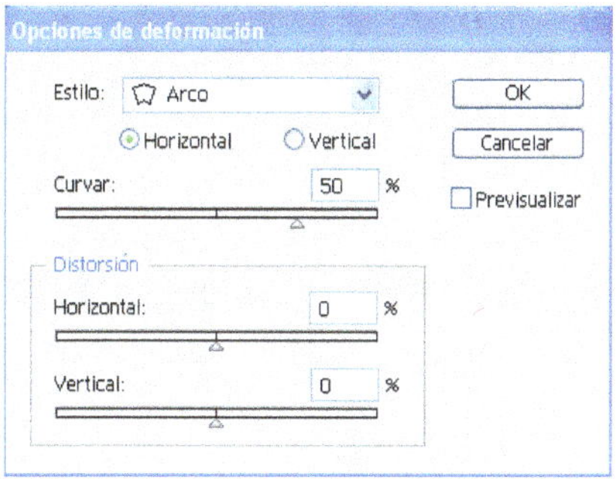

Una vez aquí, veamos los efectos de cada estilo:

Arco	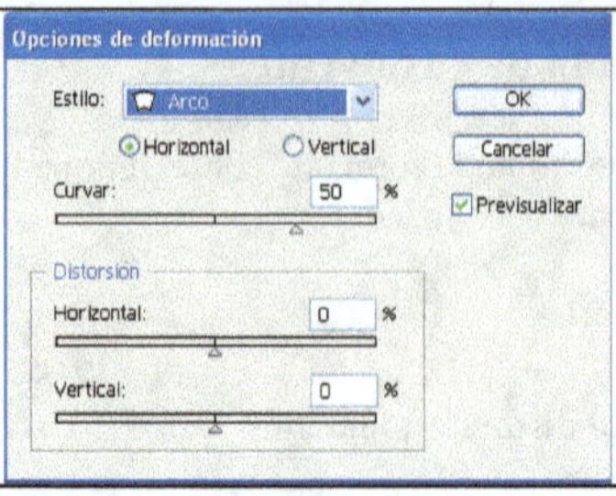Opciones de deformación Estilo: Arco Horizontal Vertical Curvar: 50 % Distorsión Horizontal: 0 % Vertical: 0 % OK Cancelar Previsualizar	
Arco inferior	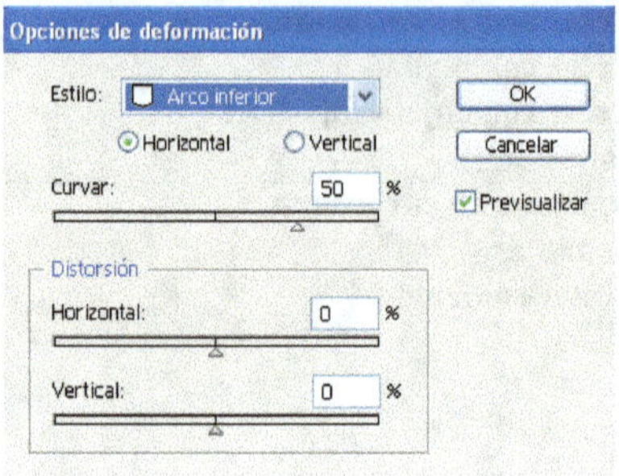Opciones de deformación Estilo: Arco inferior Horizontal Vertical Curvar: 50 % Distorsión Horizontal: 0 % Vertical: 0 % OK Cancelar Previsualizar	
Arco superior	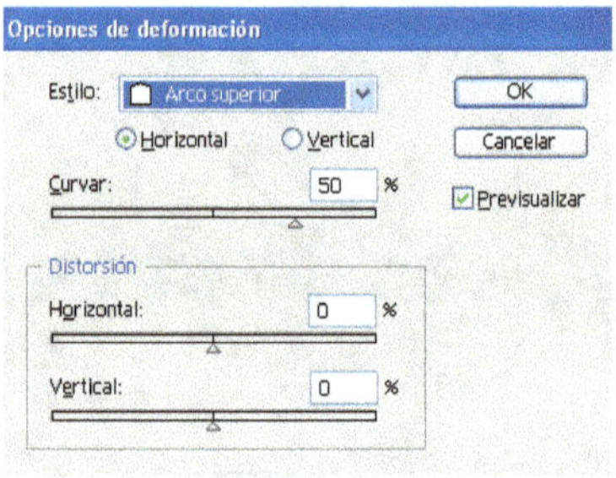Opciones de deformación Estilo: Arco superior Horizontal Vertical Curvar: 50 % Distorsión Horizontal: 0 % Vertical: 0 % OK Cancelar Previsualizar	
Bóveda	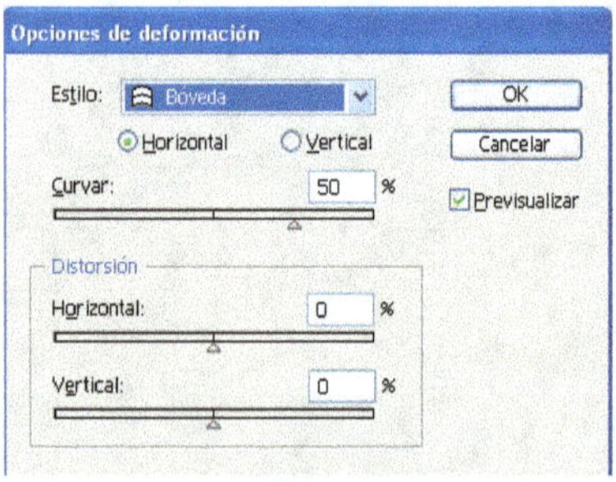Opciones de deformación Estilo: Bóveda Horizontal Vertical Curvar: 50 % Distorsión Horizontal: 0 % Vertical: 0 % OK Cancelar Previsualizar	

Abombar	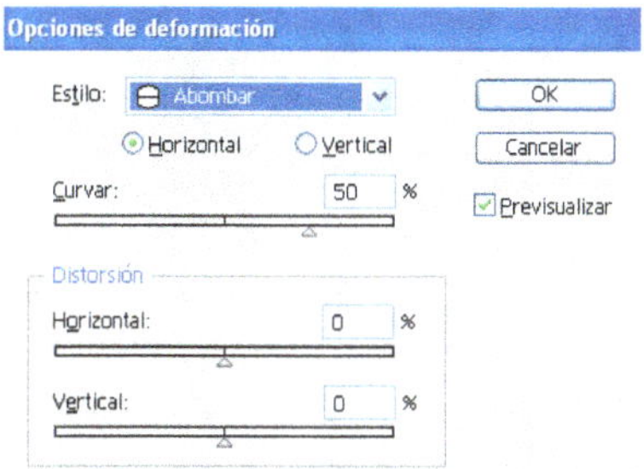	
Caparazón hacia abajo	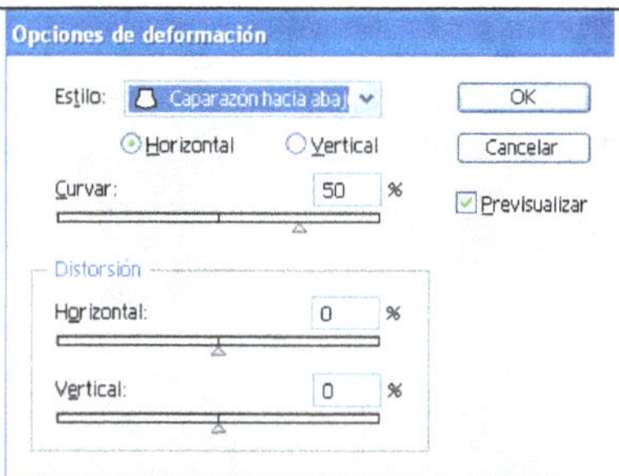	
Caparazón hacia arriba	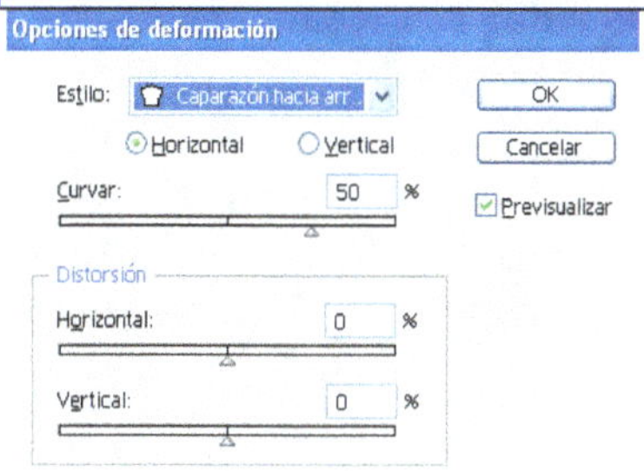	
Bandera	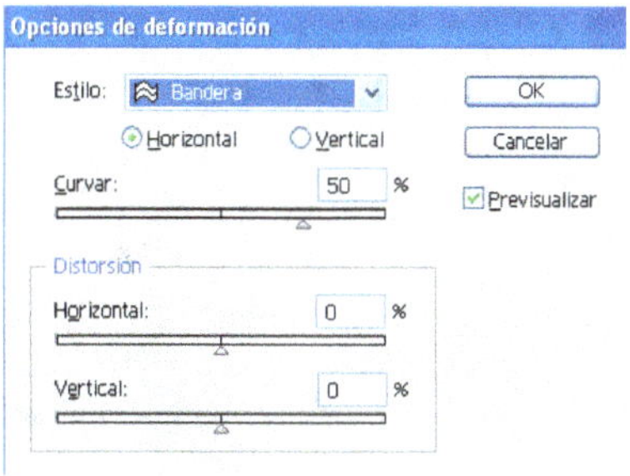	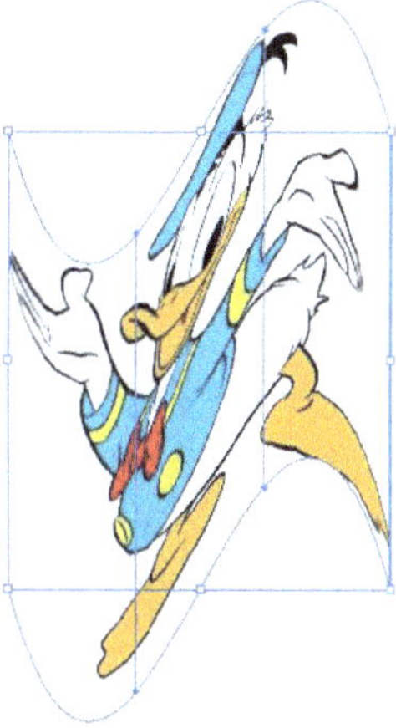

Onda

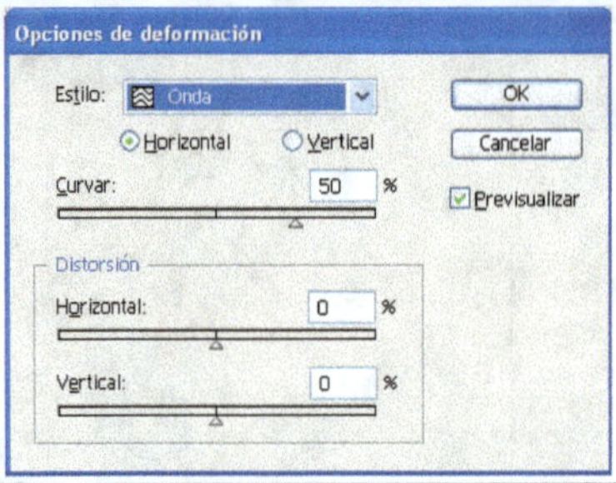

Pez

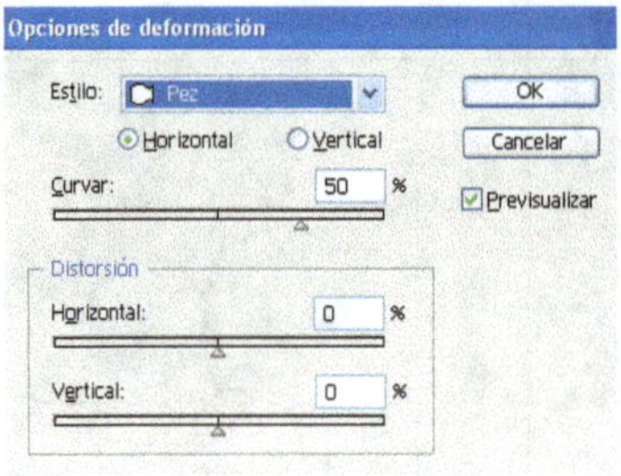

Elevar

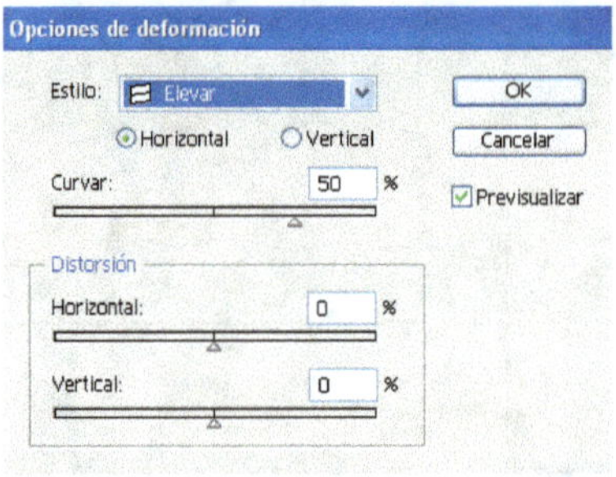

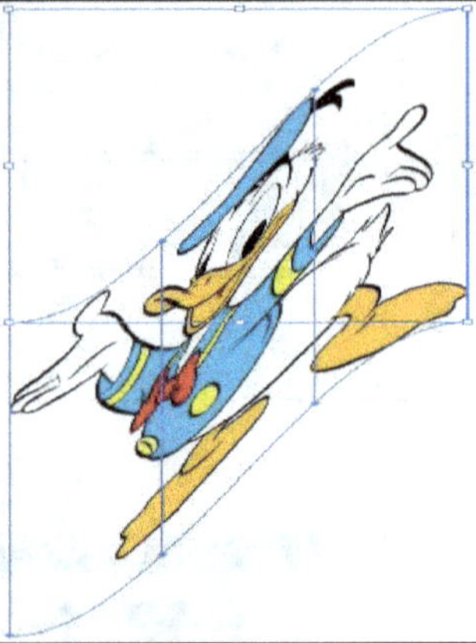

Ojo de pez

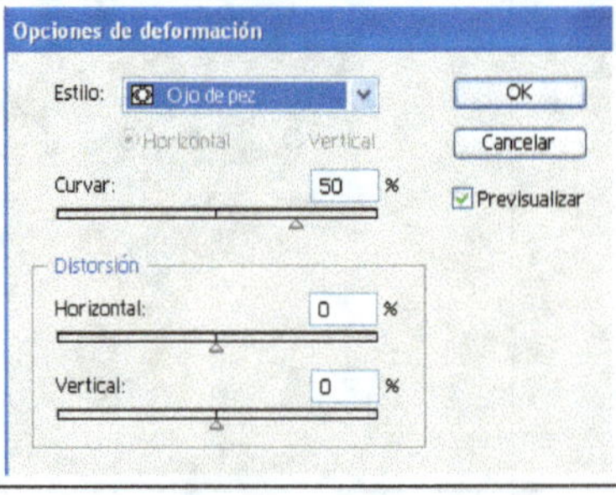

Inflar	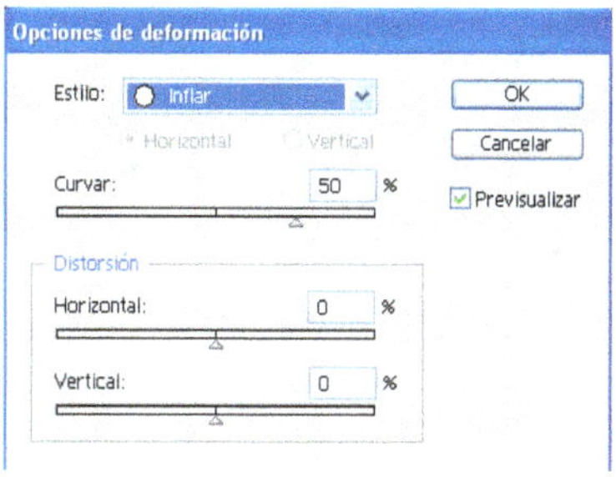	
Estrechar	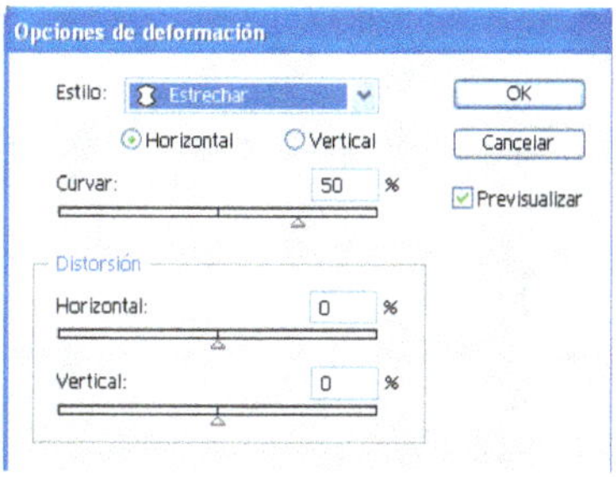	
Torcer	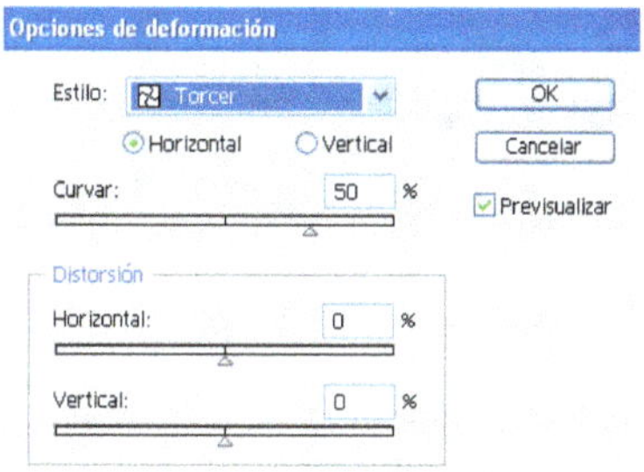	

Crear con malla:

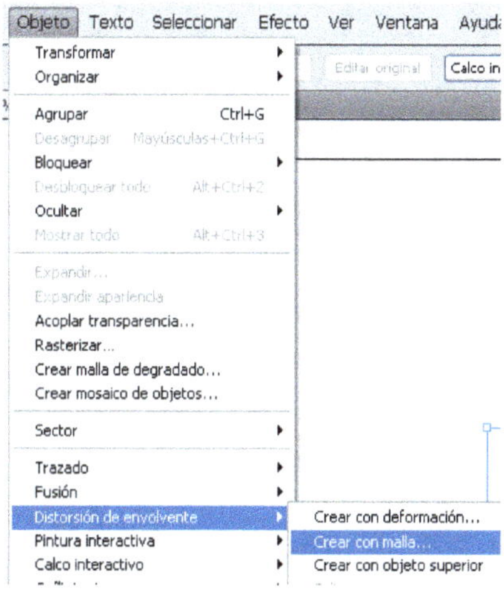

Para poder modificar la malla, hay que seleccionar el objeto con la herramienta de subselección **:**

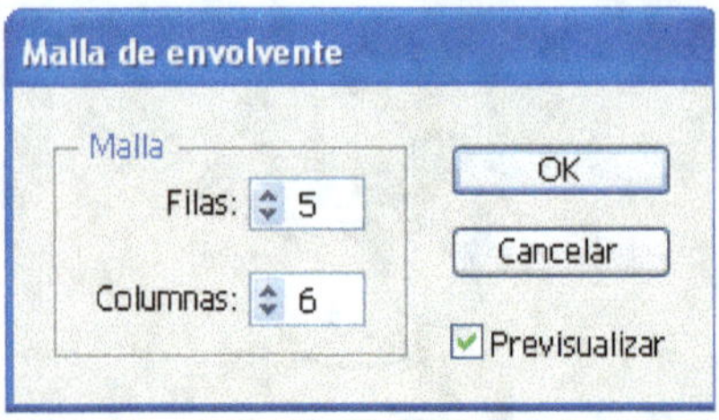

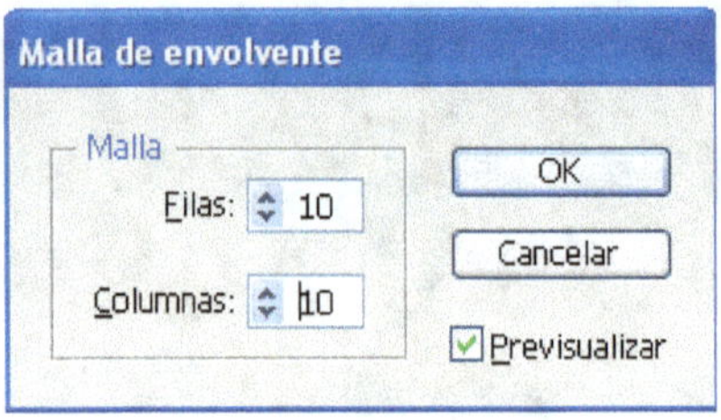

Crear con objeto superior:

Primero crearemos un trazado simple  **:**

Seleccionamos ambos objetos, el trazado y la imagen colocada anteriormente:

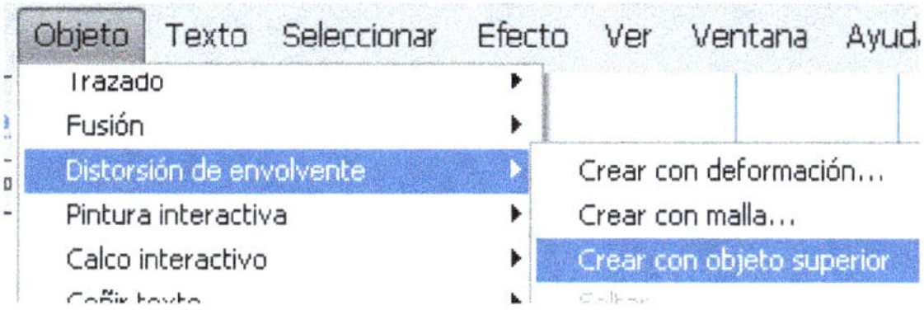

Daría como resultado:

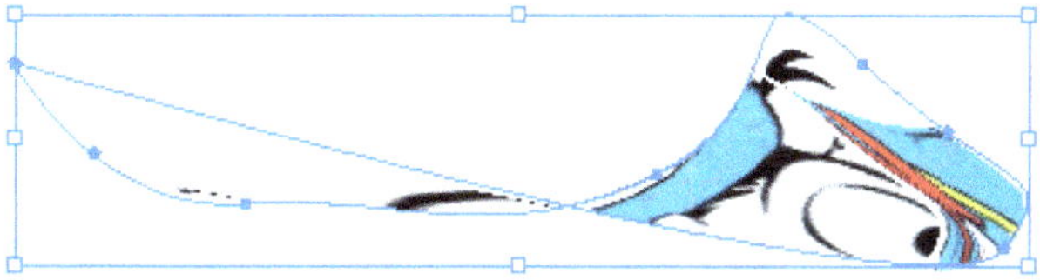

Soltar:

Para soltar una distorsión de envolvente, deberemos tenerlo creado anteriormente, pongamos como ejemplo la distorisión anterior:

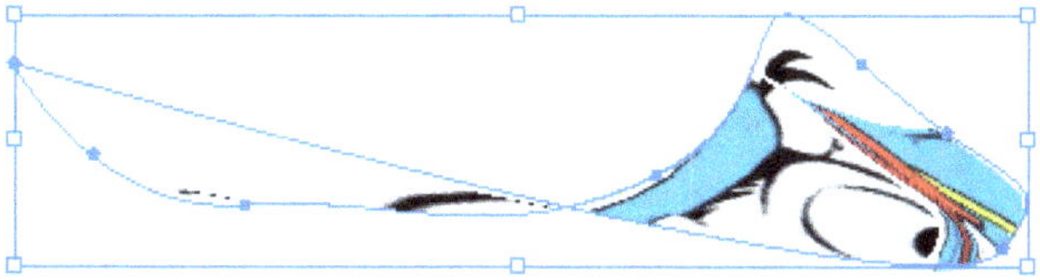

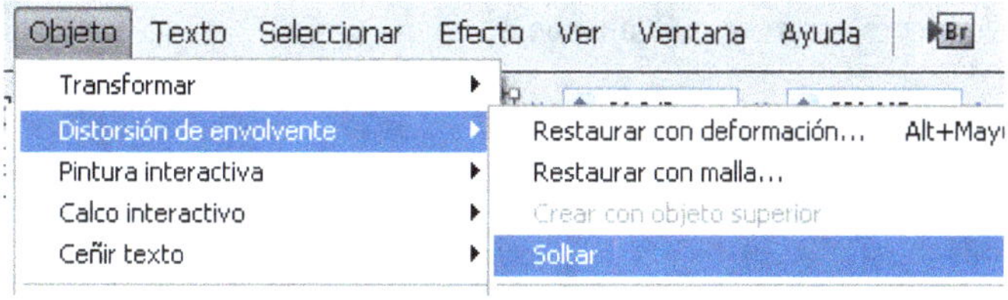

Una vez hecho esto, obtendríamos ambos objetos, el trazado por un lado y la imagen por otra:

Opciones de envolvente:

Aquí podremos cambiar las opciones de la distorsión, recomiendo ir probando para ver los resultados.

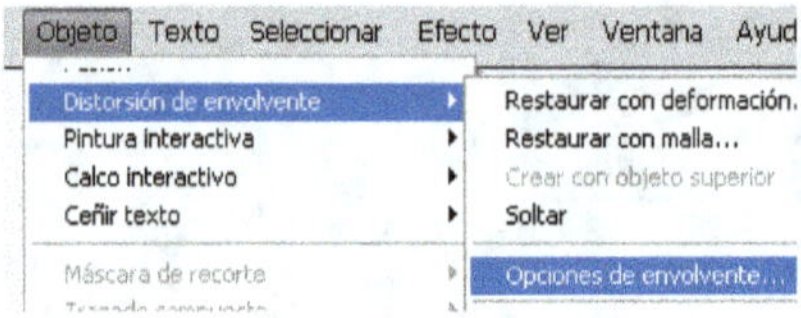

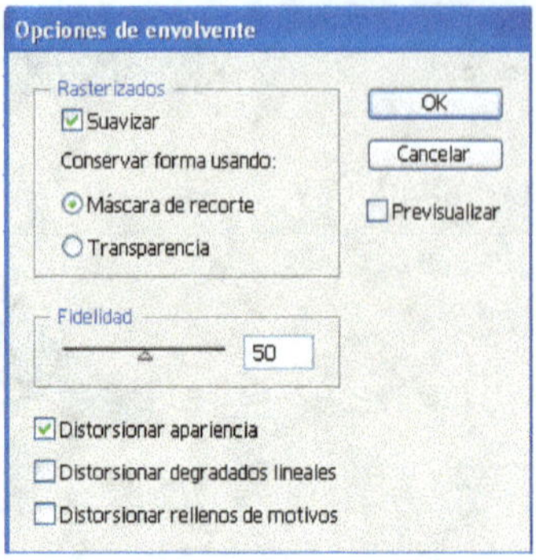

Expandir:

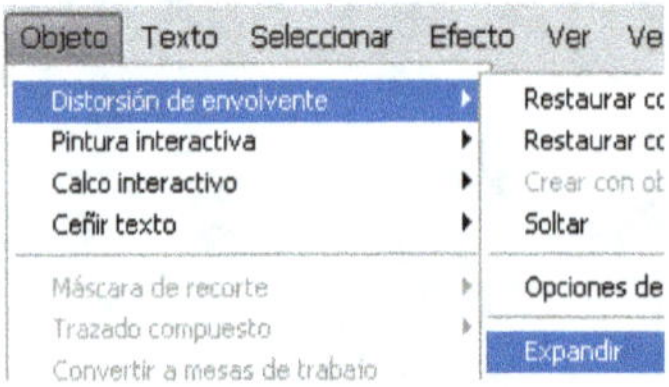

En esta opción, lo único que hacemos es mostrar más puntos de ancla:

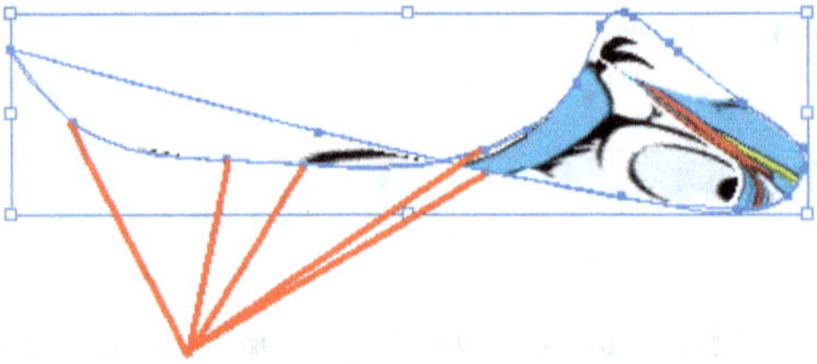

Podremos dar cuantas veces queramos.

Editar contenido:

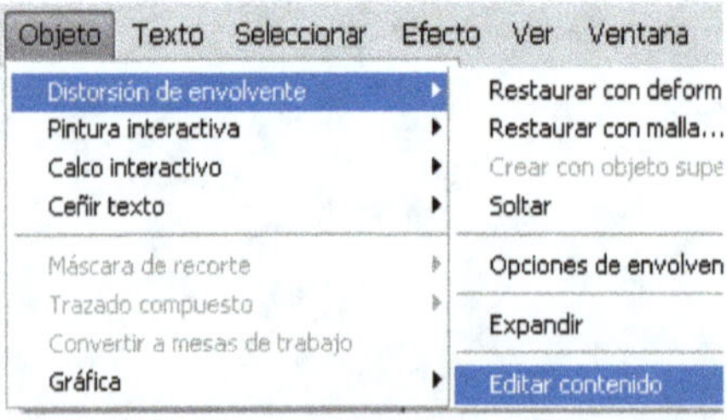

Editamos el contenido de cada objeto.

12.- Incrustar imágenes en Illustrator.

** Las imágenes deberán estar en CMYK.

Imaginemos, que queremos incrustar una imagen de Photoshop en Illustrator:

Aquí, se nos plantean unas cosas:

La primera, qué tipo de imagen vamos a incrustar, es decir, si es un trazado, un recorte, tenemos calado…etc.

TIF guarda trazados de recorte.
PDF guarda imágenes con calados.
Si incrustamos un PSD funcionaría igual que un PDF. ** A partir de la versión CS2.

Lo que queremos es guardar un trazado de recorte:

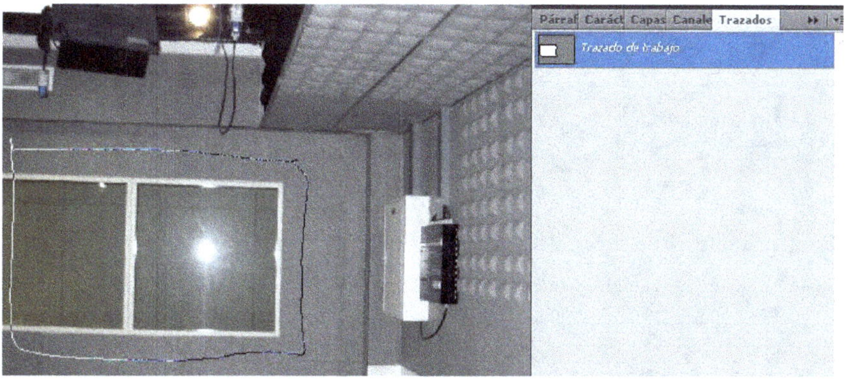

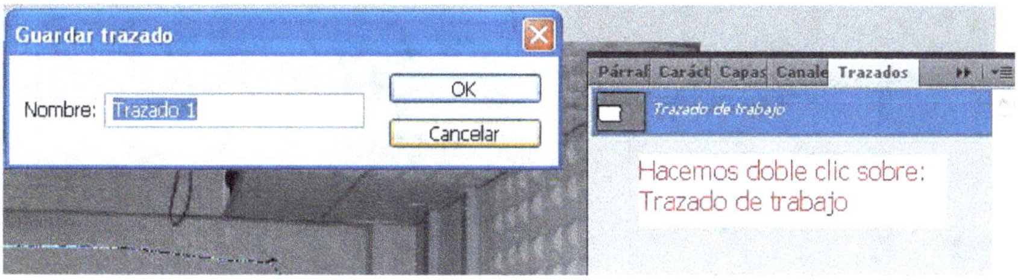

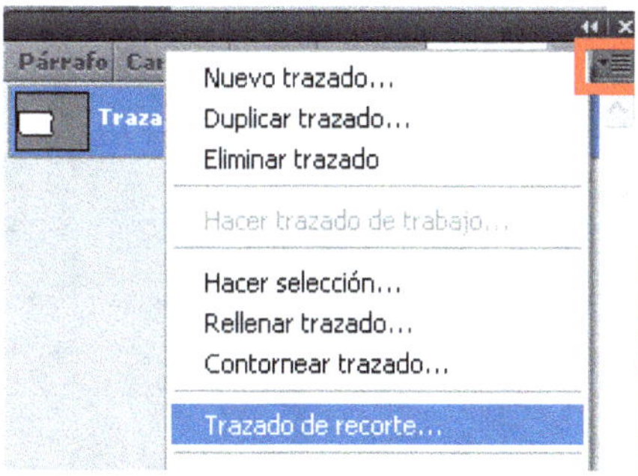

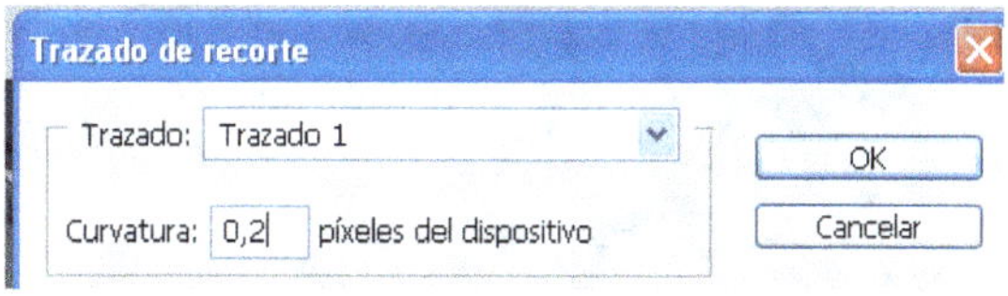

Una vez hecho, guardaremos la imagen como TIFF:

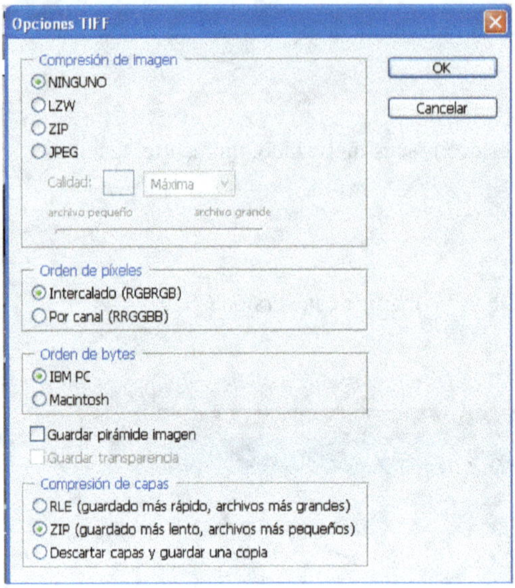

Compresión:
ninguna.
LZW: logaritmo que no comprime, no pierde nada.
ZIP: comprime.
JPEG: comprime.

Orden de pixel:
Intercalado.

Orden de Bytes:
Lo ideal es, IBM PC, pero si queremos leerlo en un MAC, deberemos elegir la opción: Macintosh.

Una vez hecho, iremos a Illustrator, y simplemente dando a colocar obtendremos la imagen.

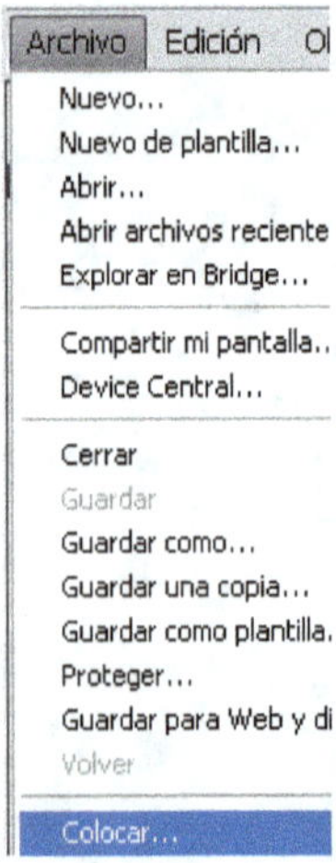

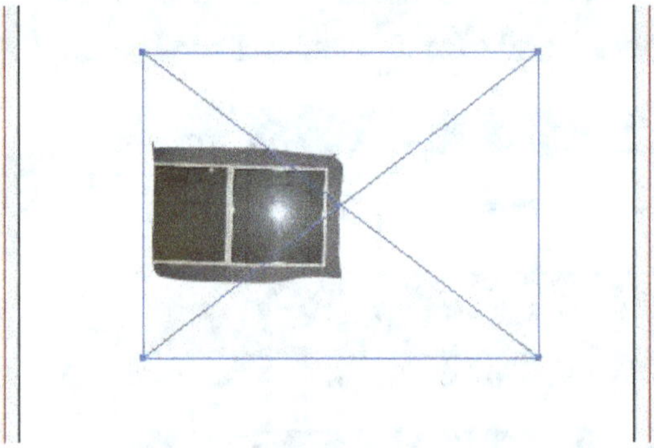

Si lo que queremos hacer es un calado en una imagen, deberemos guardarlo como PDF:

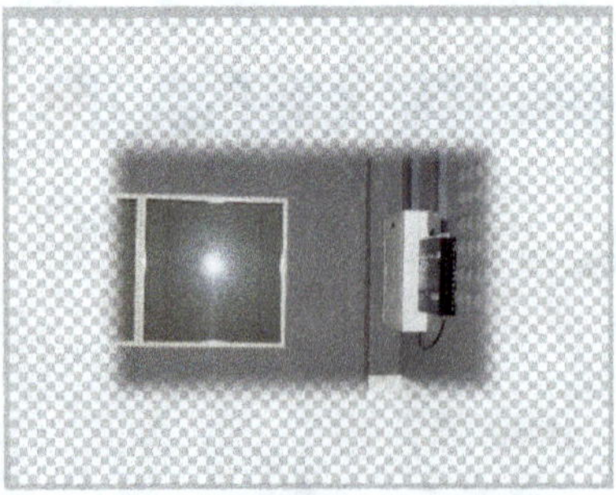

Algo similar a esto, deberemos guardarlo como PDF:

Si da algún aviso, daremos a guardar PDF y listo.

Ahora lo colocamos en Illustrator:

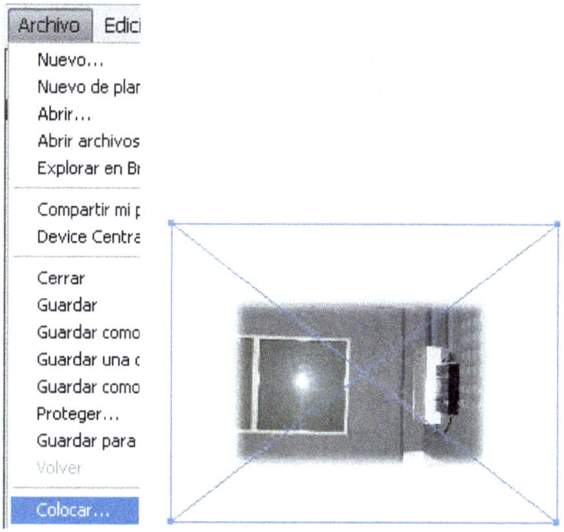

Y listo, si queremos guardar un PSD será exactamente igual, lo único en la opción de guardar pondremos PSD:

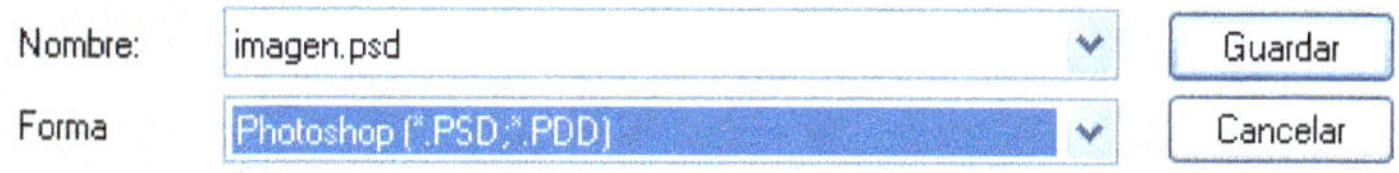

13.- PRÁCTICAS.

13.1.- Práctica 1.

Creación de un logotipo con textos y cuadrados.

Vamos a crear un logotipo:
Al crear un rectángulo, debemos sacar las opciones de transformar:

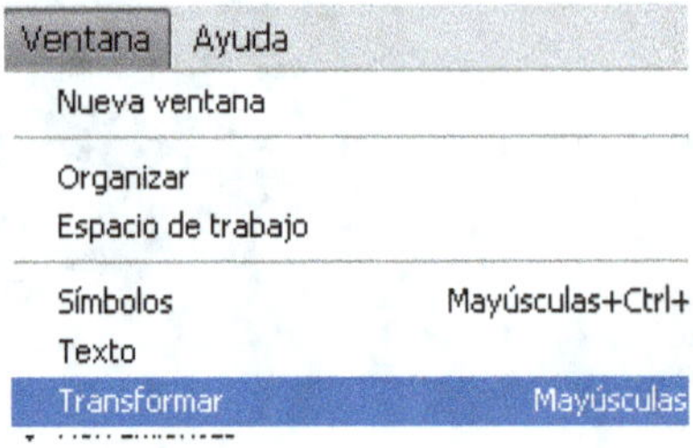

Con cada opción, podremos elegir además que haga una copia, es decir, que mueva, rote, refleje etc, el objeto pero que lo haga en una copia y no en el original.

13.2.- Práctica 2.

Vamos a pintar esta imagen

:

Es recomendable ir contorneando toda la imagen primero, y después lo del interior.
Para conseguir dibujar bien, lo mejor es bloquear la capa de la imagen, y crear una nueva en la que vayamos dando color a ésta.

También deberemos configurar el relleno de la pluma y el contorno, en esta caso, la imagen es negra, por ello es conveniente contornearla de amarillo o de azul, para distinguirla de la original.
A continuación, con la herramienta pluma, iremos contorneando la figura:

Poco a poco iremos contorneando el dibujo:

Vamos dáandole curvas al dibujo, con ALT, vamos cambiando los puntos de ancla…

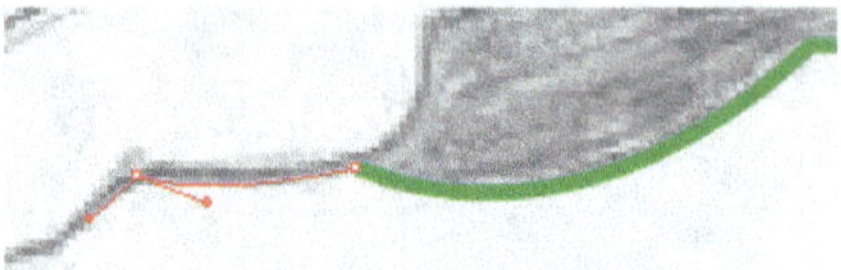

Una vez tengamos el contorno realizado,

Iremos dibujando el interior… y a su vez, dándole color:

En teoría, una vez hemos dado el contorno al dibujo, este se rellenaría de negro, consiguiendo así, que las zonas negras del dibujo no tengamos que repasarlas, solamente contornearíamos las zonas blancas para aplicarles un relleno, y quitarles el contorno negro, pues sería suficiente con el fondo negro.

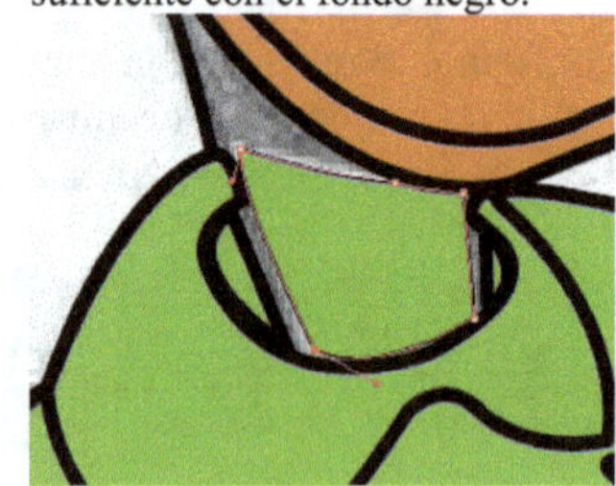

Al dejar esas zonas que van en negro sin pintar, cuando acabemos, pondremos al fondo un relleno de negro, consiguiendo así completar el resto de rayas.

Y así poco a poco le vamos dando color…

Otra forma de colorear la imagen es contornear toda la imagen, y después ponerla color negro de relleno, para pintar cada pieza vamos seleccionando cada zona:

Quitamos el contorno dejándolo transparente y pintamos solamente el color de rellejo, para a terminar, ponemos el relleno del contorno de la imagen completo…
Dando como resultado algo más de realismo a la hora de pintar, por que sino quedarían todas las líneas iguales, cuando al pintar esto no sucede.

Nos queda hacer el perforado de estas 2 zonas:

1.- Debemos quitar el trazado para poder trabajar correctamente:

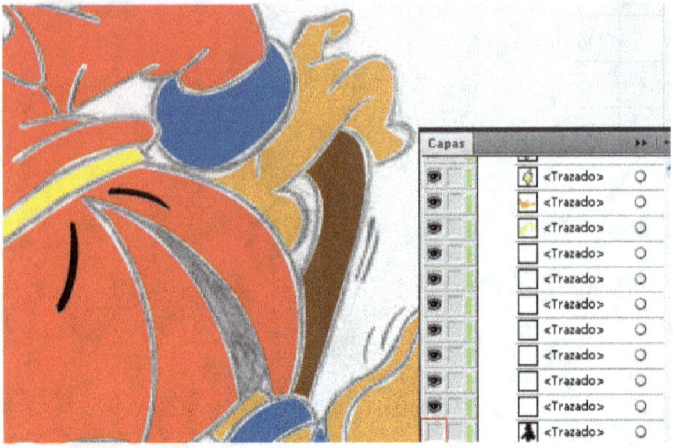

2.- Seleccionaremos la parte que debe quedar perforada:

Ahora, seleccionaremos la imagen de fondo a la vez que los 3 trazados a perforar:

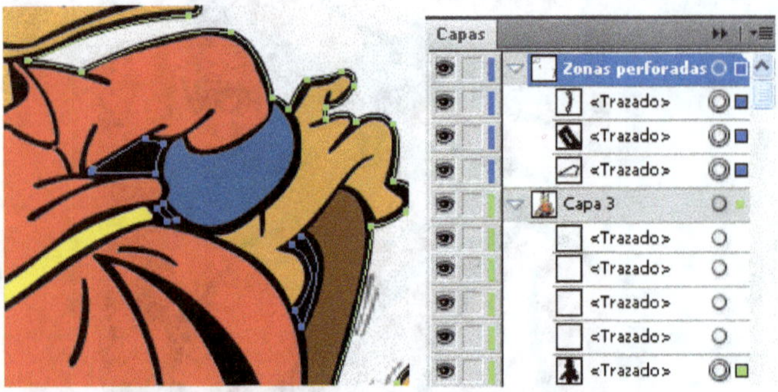

A continuación vamos a:

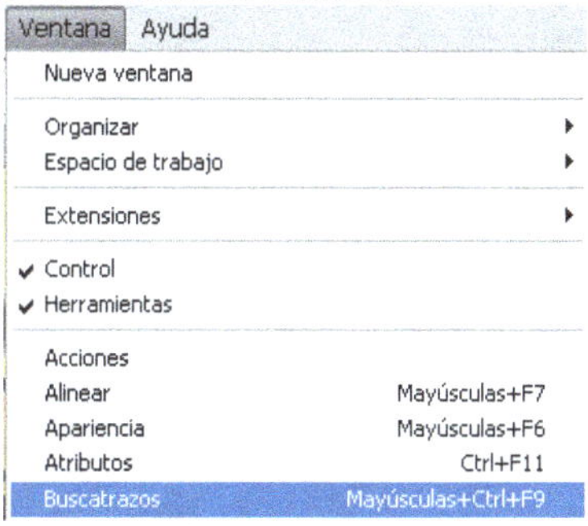

Daremos a la segunda opción:

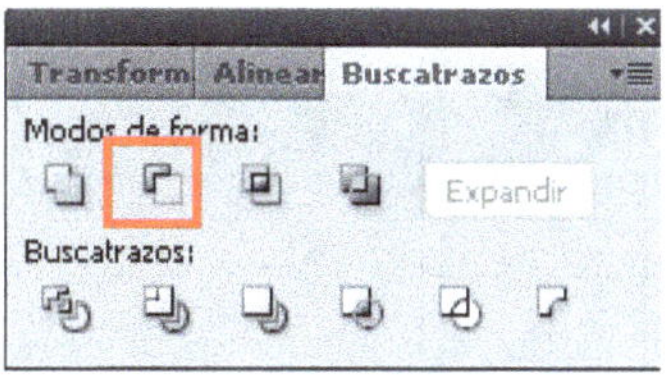

Obtendremos este resultado:

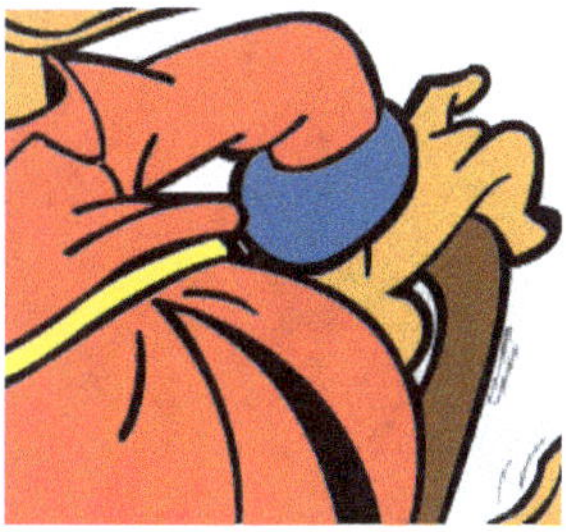

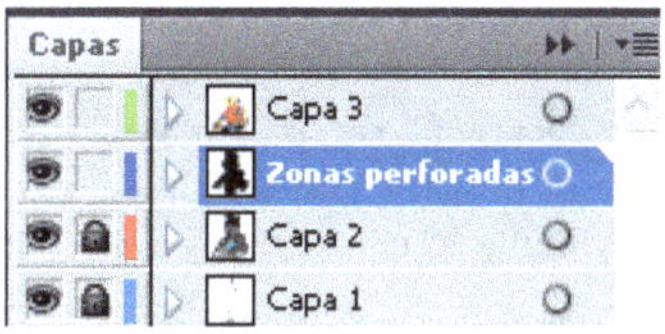

Finalmente, habremos acabado de dibujar:

13.3.- Práctica 3.

Haremos un troquel:

Contracolar: Pegar papel sobre cartón.
Guarda: Es la parte de dentro de un contra-calado, para no ver lo feo que queda.

La línea para **cortar** ha de ser **continua**.
Los **hundidos** la linea es **discontinua**. (En cartón no hay nada de hundido, pero si usáramos cartón con microcanal, deberíamos ponerle 2 mm de hundido en cada lado).

Medida del troquel:

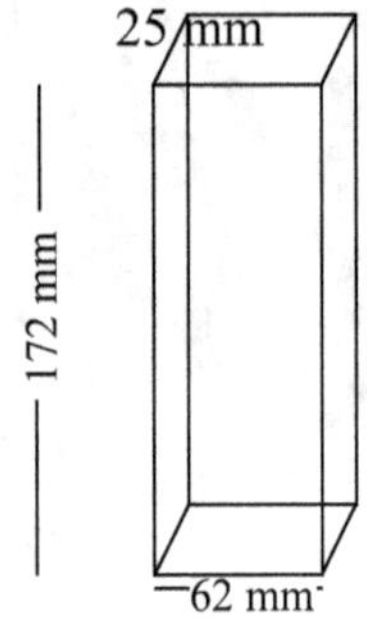

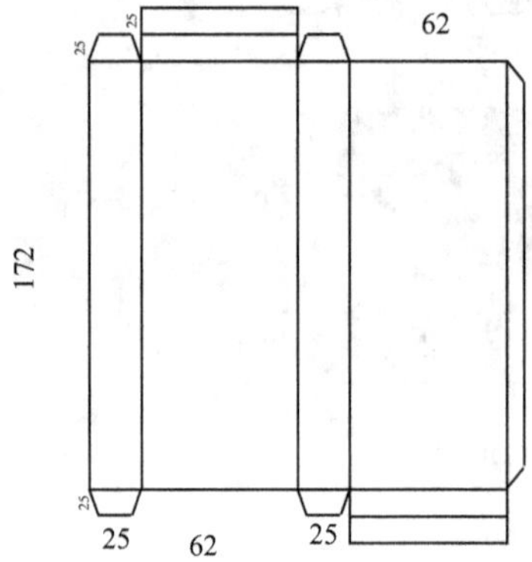

Ancho: 200 mm
Alto: 240 mm
15mm de pestaña (para pegar una parte a otra).

Para realizar el troquel podemos hacerlo de varias formas:

La más cómoda y quizá la más sencilla sería ir tirando reglas o ajustándolas al milímetro:

Paso 1.- Colocamos el punto 0-0 en la esquina superior izquierda:

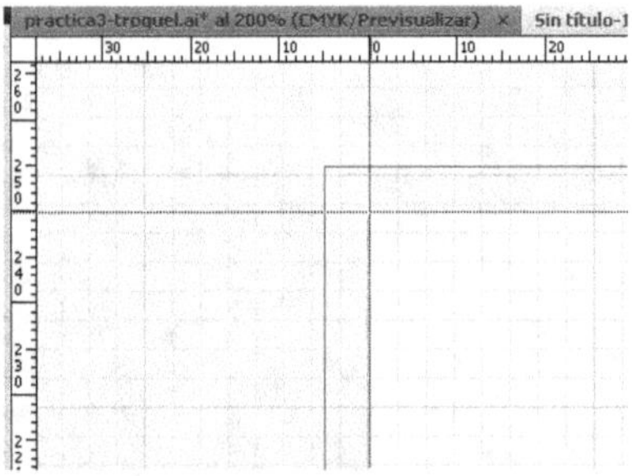

Paso 2.- Vamos sacando Líneas a la distancia deseada:

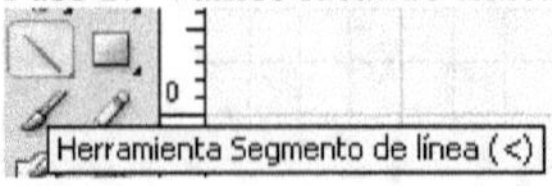

Ahora haremos una línea recta vertical:

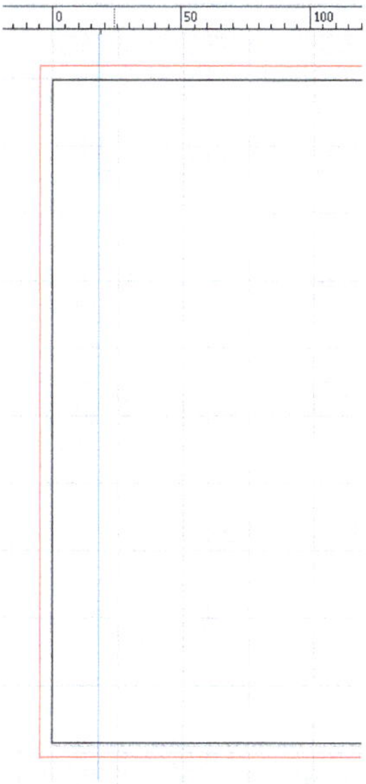

La posicionaremos a la distancia deseada (25mm):

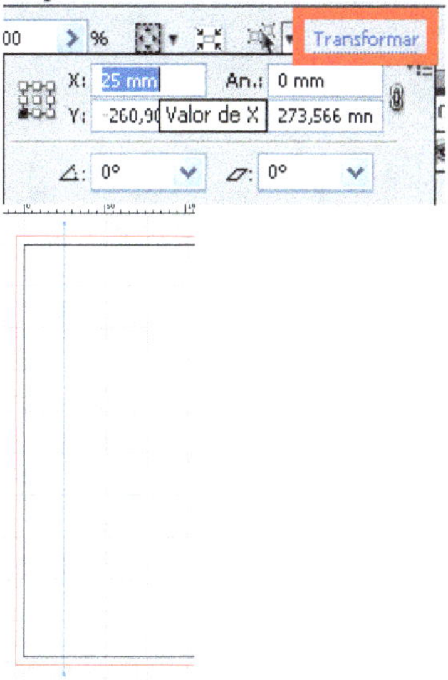

Ahora la haremos guía, para no confundirla con las líneas:

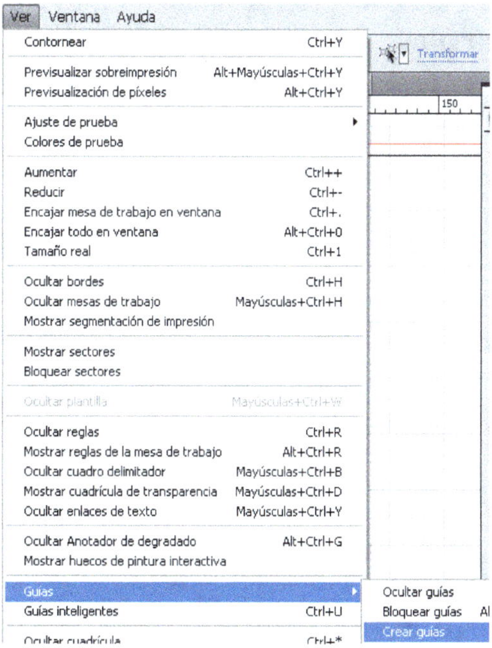

Así continuaremos con las verticales, obteniendo como resultado:

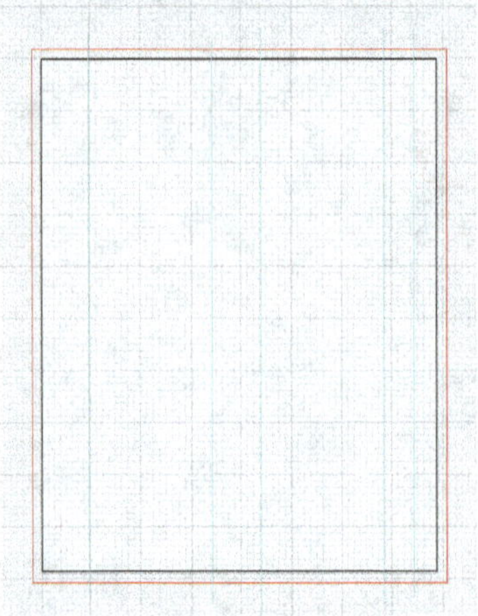

Ahora haremos las horizontales, igual que las verticales, pero moveremos en función del EJE Y.

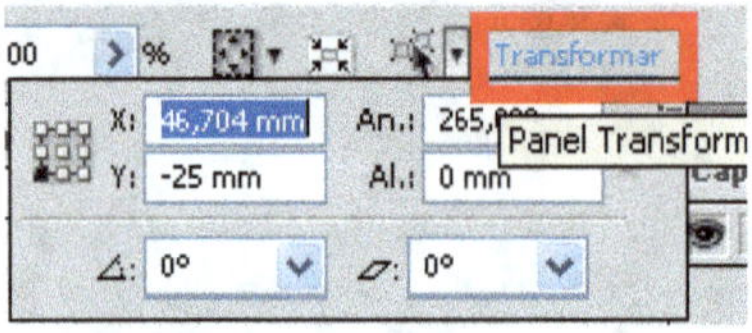

Deberemos poner –X, dado que las guías deberán ir hacia abajo y no hacia arriba.

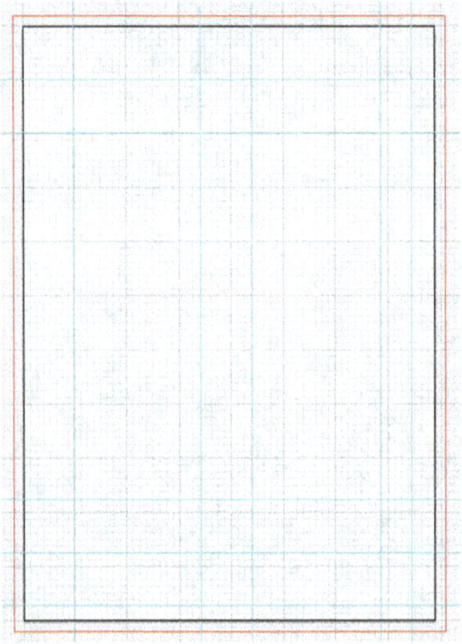

Este sería el resultado, a continuación, vamos poniendo líneas para ir completando el troquel:

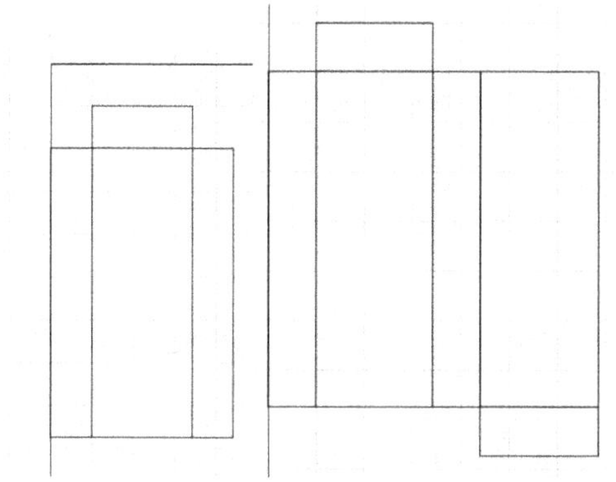

Ahora lo que debemos es tener cuidado con las zonas que van a doblar:

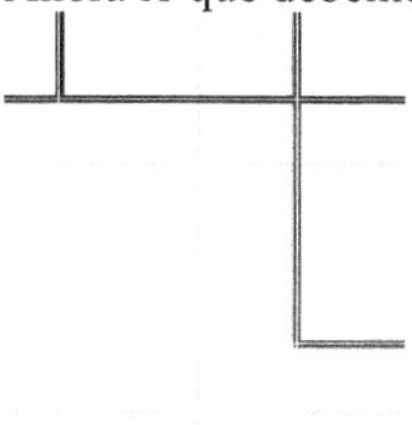

Paso 1.- Haremos un cuadrado:

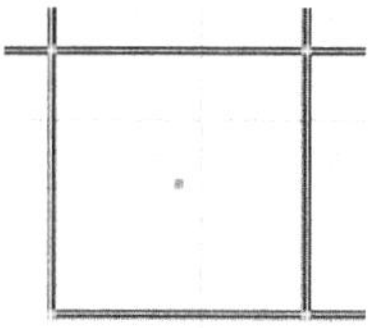

Paso 2.- Lo deformaremos para darle una forma de trapecio.

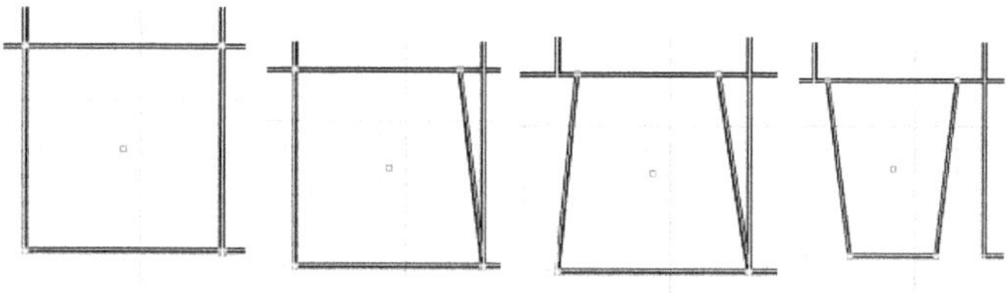

Tras conseguir transformarlo, ya tenemos uno, ahora solamente con copiar, pegar y girar iríamos colocándolos…

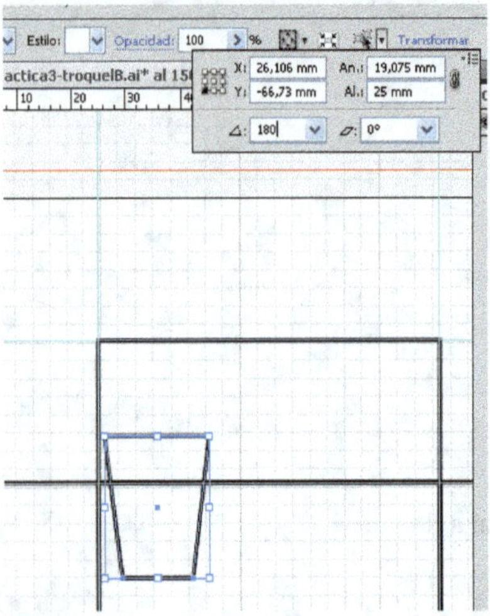

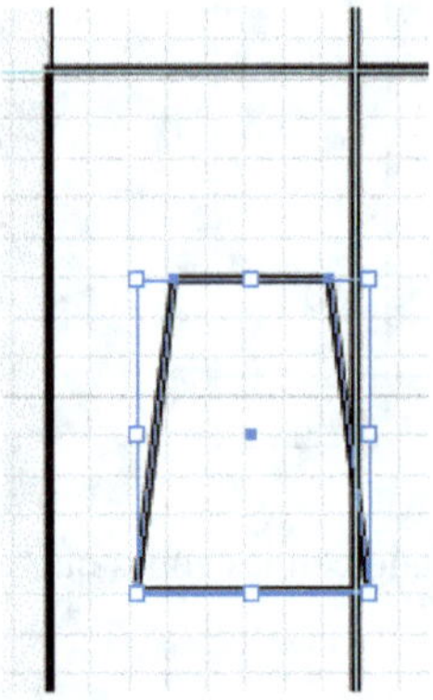

Al finalizar los 4, obtendríamos un resultado como este:

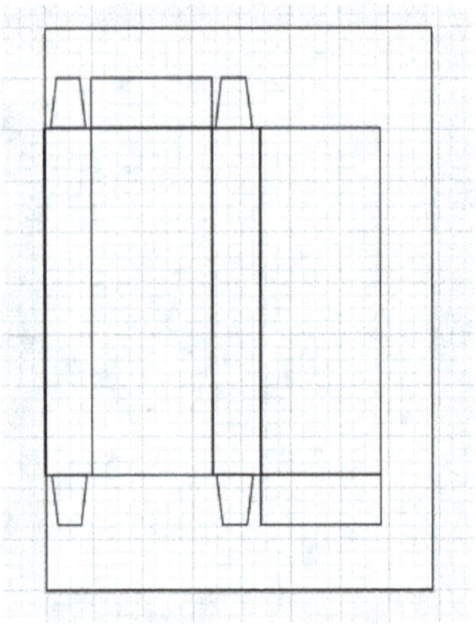

Ahora haremos la parte derecha, haremos un cuadrado y lo convertiremos en trapecio, similar a los anteriores:

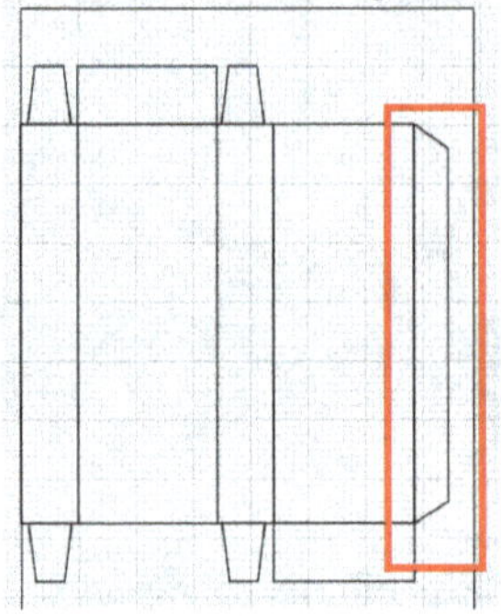

Ahora haremos la parte de la solapa, la que cerrará la caja por la parte superior e inferior:

Haremos 2 semicírculos y cuadrados:

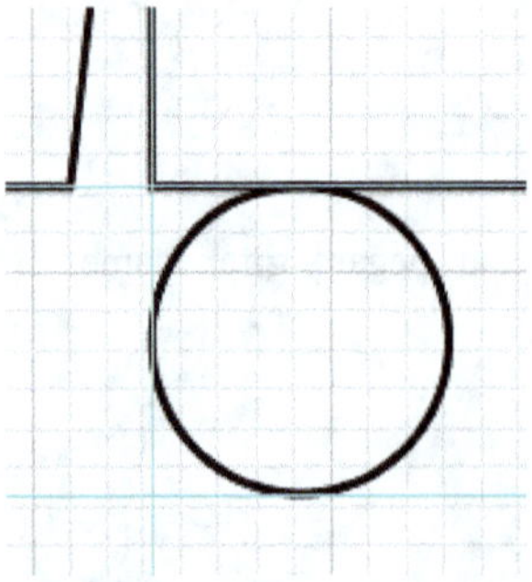

Con la herramienta tijeras, cortaremos y convertiremos el círculo en semicículo:

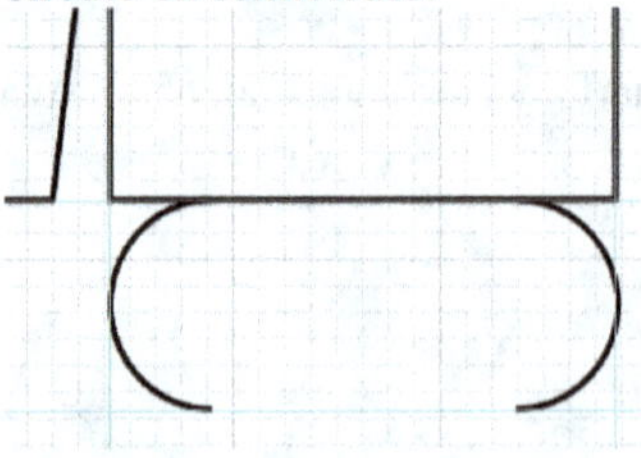

Ahora haremos una línea para unir los 2 semicírculos:

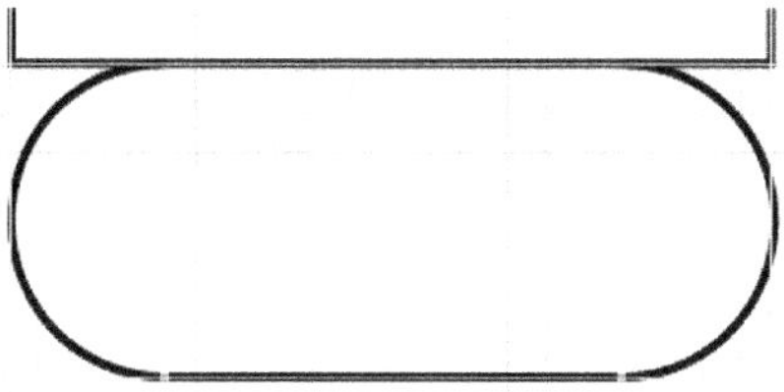

Obtendremos un troquel similar a este:

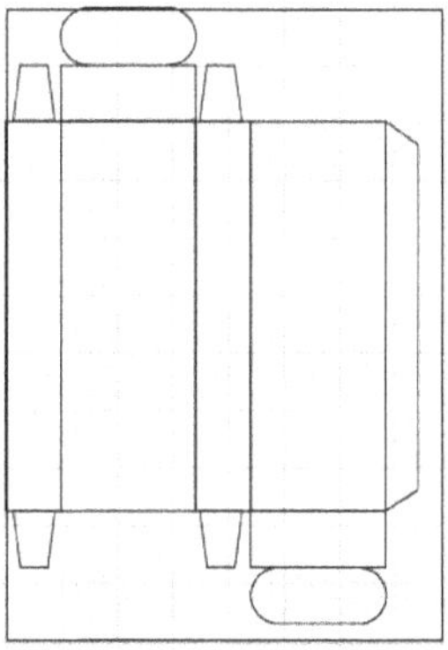

Ajustaremos un poco los bordes inferiores y derechos:

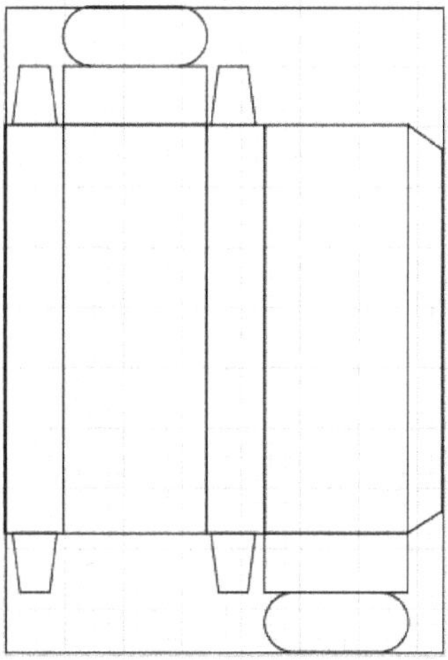

Una vez hecho esto, debemos poner en línea discontinua los endidos, es decir, las partes que irán dobladas:

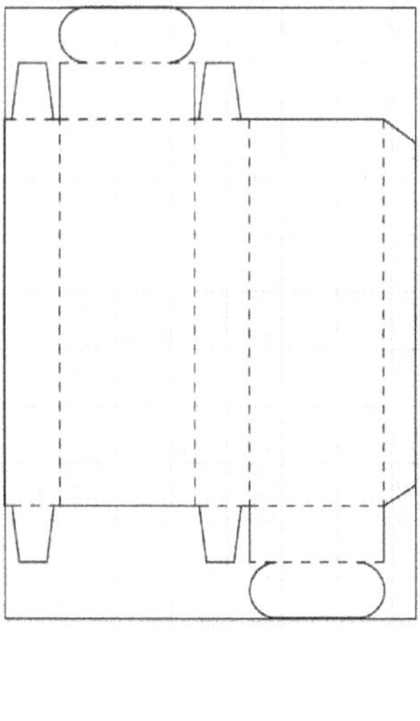

Una vez hecho esto, diseñaremos algo en su interior…

* Si queremos importar archivos de Photoshop con fondo transparente:

1.- Guardamos el PSD con fondo transparente, y sin trazados.

2.- Lo colocamos en Illustrator y listo.

13.4.- Práctica 4.

Medidas del nuevo troquel este tiene cierre automático, con microcanal:

Boceto:

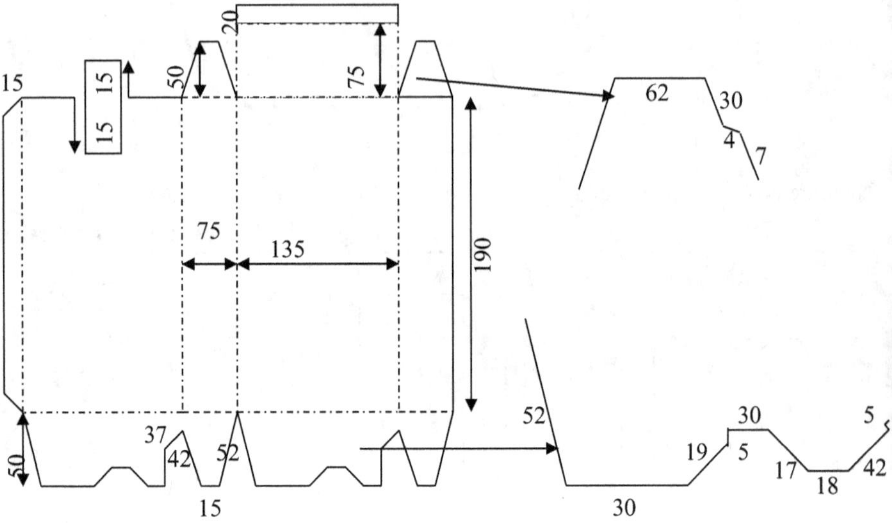

Ancho del documento: 15 + 135 + 75 + 135 + 75 = 435, le daremos 5mm de sangrado.
Alto del documento: 50 + 190 + 75 + 20 (solamente sumamos las medidas más largas de cada pieza) = 335.

Guías verticales:	Guías horizontales

Una vez hecho esto, iríamos colocando las líneas y haciéndolas discontínuas, obteniendo un resultado similar a este:

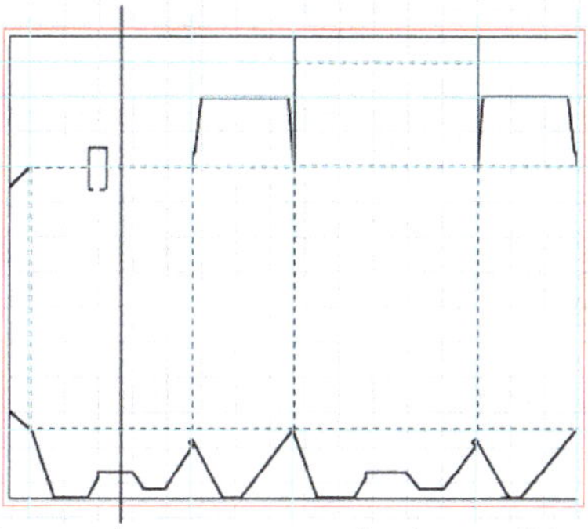

Poco a poco iremos acabando el troquel, una vez tomadas las medidas desde el original, quedaría como esto:

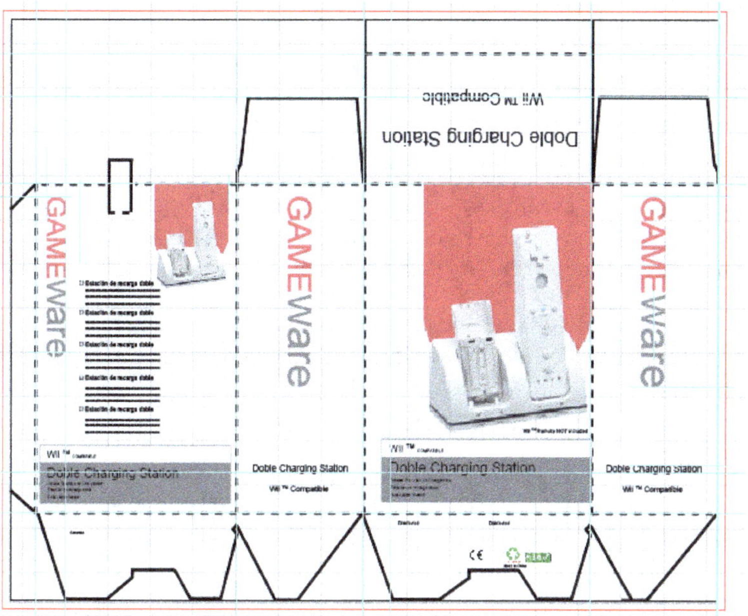

13.5.- Práctica 5.

Tríptico en ventana.

El papel empleado en este tríptico es estucado, esto quiere decir, que viene “estucado(pintado)” de fábrica.
Hay muchos tipos de estucados:
Mate, brillo, semimate, el papel se mete en rodillos alisadores(calandras), y dependiendo de la presión que ejerzan sobre el papel obtendremos mate, semimate…

Si presiona poco: brillo.
Si pasa muchas veces: mate.

Los papeles brillo son más fáciles de imprimir, en los mate la tinta tarda más en secar.
Las tintas se llaman oxidativas, porque son tintas que secan en el contacto con el aire.
El compuesto de la tinta son aceites, pigmentos y fijadores.

Esto quiere decir, es una parte que es el cuerpo (supongamos 10cm) y otras 2 inferiores, para que cierren formando la parte de 10cm, es decir cada apartado mediría 4.9cm) quitamos 0.1 para que pueda doblar.

El primer paso es abrir 2 mesas de trabajo con tamaño de A4, una para la parte interior, y otra para la exterior, en la parte exterior haremos que el dibujo quede cortado para así poner la mitad de éste en la parte izquierda del tríptico, y la otra mitad en su parte derecha.

Para calcular perfectamente las distancias, debemos saber que el A4 mide 297 mm, si lo que queremos es formar un tríptico en ventana, debemos dividir entre 4, para así coger las 2 partes centrales como 1:

297 / 4 = 74’25
Esto quiere decir, que habrá una parte (la principal) que medirá 74’25 · 2 = 148’5
Por tanto, tendremos que 74,25 será un lado y 74’25 el otro, pero hay que quitarles aproximadamente 1mm a cada lado para que éstos puedan cerrar, por tanto quedaría 73’25 lado izquierda, y 73’25 lado derecho.

Por tanto, vamos a proceder a poner guías:	Ahora iremos poniendo el 0-0 en la guía nueva, y procederemos a darle el milímetro de margen.
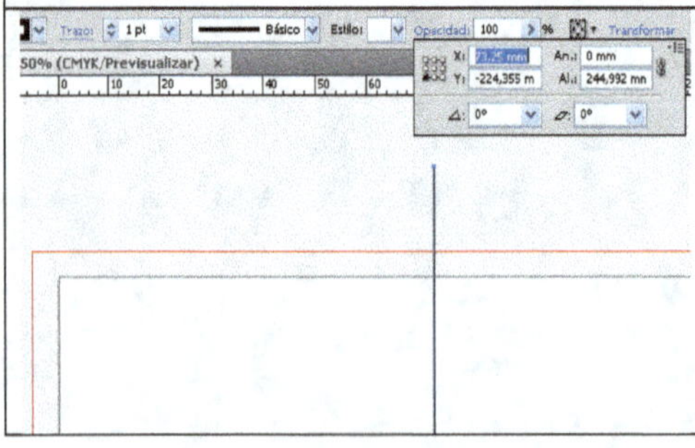	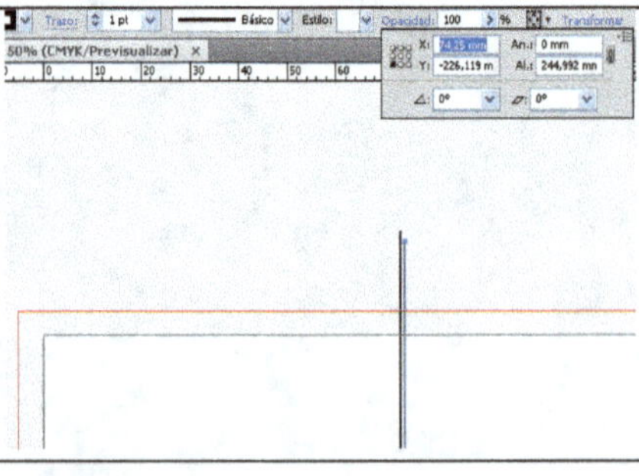

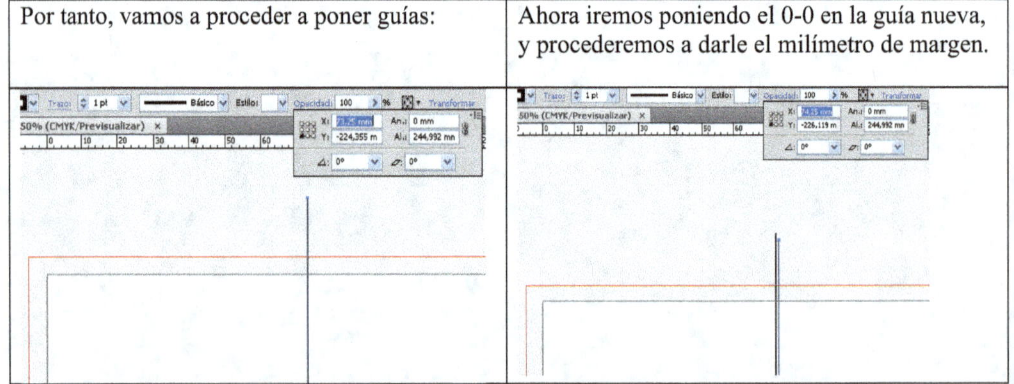

Así nos iremos asegurando de que todo encaje a la hora de imprimir y doblar.

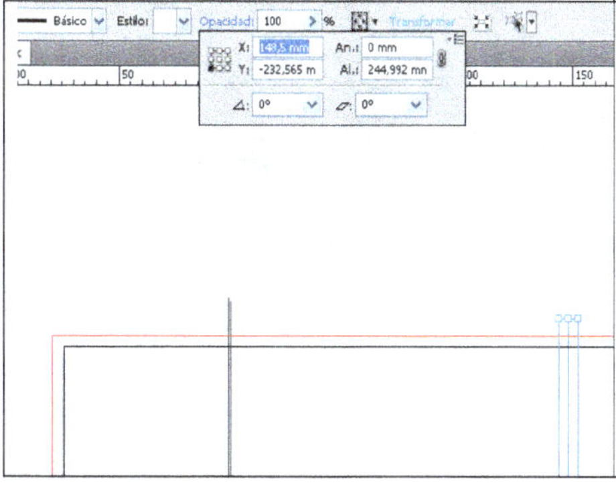

A continuación, pondremos la guía de margen, y seguidamente, pondremos la última para comprobar que las distancias sean correctas.

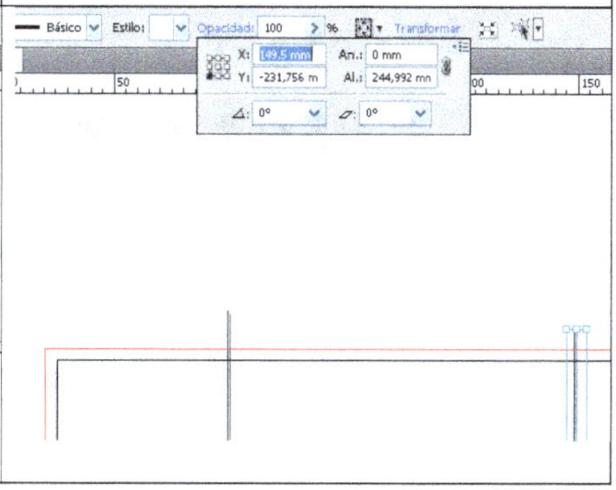

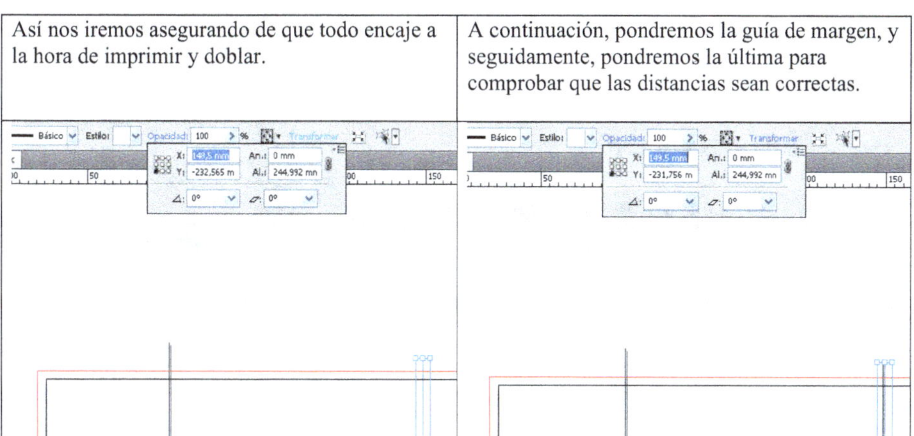

Ahora comprobaremos si coinciden las líneas:

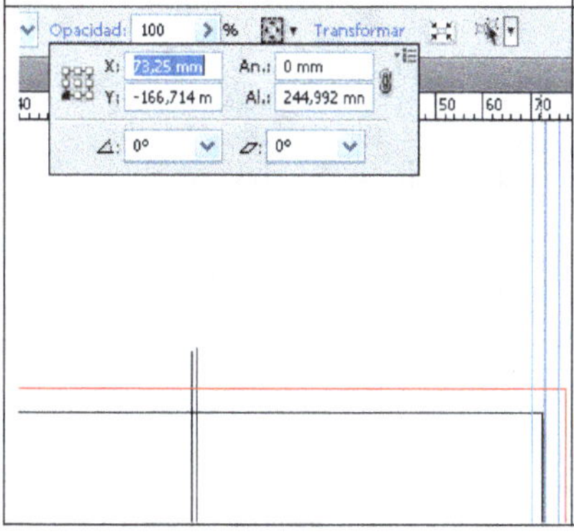

Una vez completada la primera página, copiaremos las guías, pondremos el 0-0 en la esquina superior izquierda, y lo moveremos 73’25 mm para conseguir tenerlo a la misma distancia.

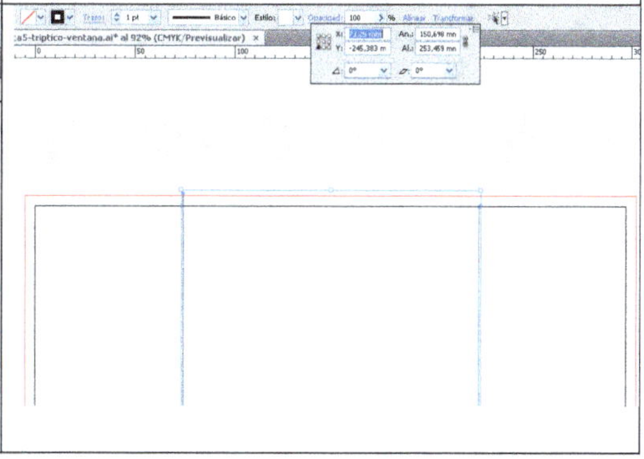

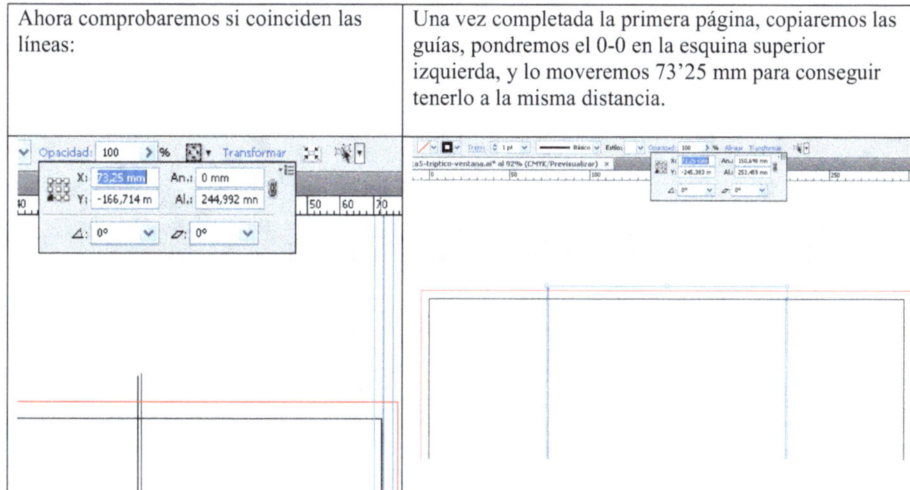

Obtendremos este resultado en ambas mesas:

Una vez hecho esto, pasaremos a dibujar y poner cosas en el tríptico.

La parte de la izquierda, será el interior, en él no necesitaremos partir nada, simplemente vamos a ordenar texto.

13.6.- Práctica 6.

Crearemos:

- Una carta. 210 x 297 = A4
- Una tarjeta. 50 x 80
- Un sobre. 220 x 105

Empezaremos creando la Carta, con un logotipo y algo de texto…

Lo primero, es definir el tamaño de la mesa de trabajo:

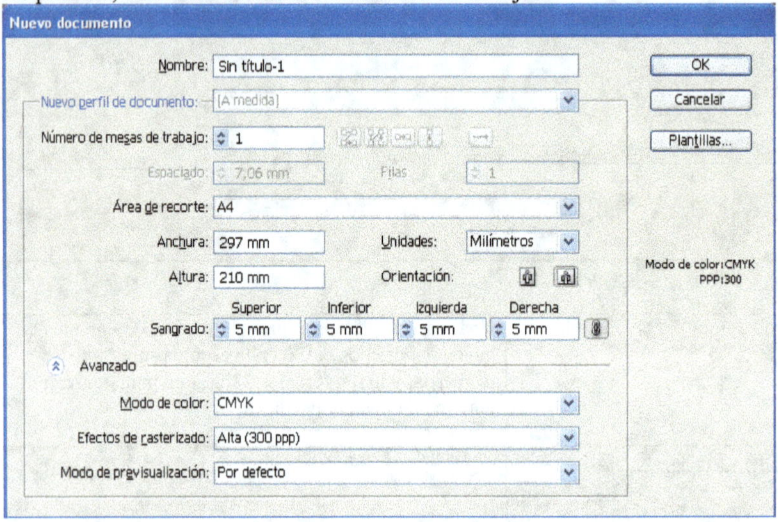

Una vez hecho, crearemos un anagrama el cual pondremos arriba a la izquierda.

Obtendremos algo así:

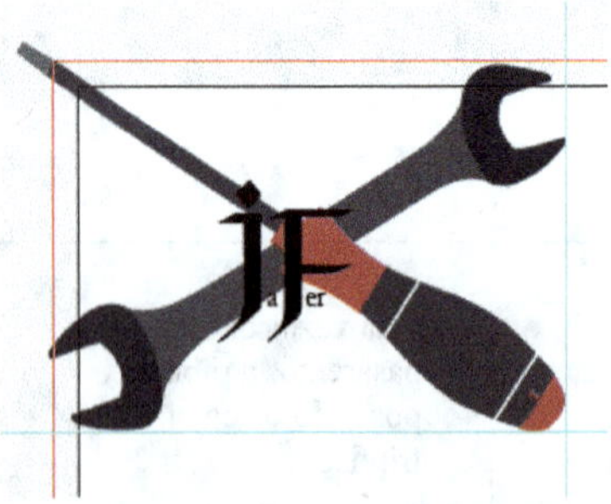

Una vez hecho esto, pondremos abajo centrado, el registro mercantil de la empresa.

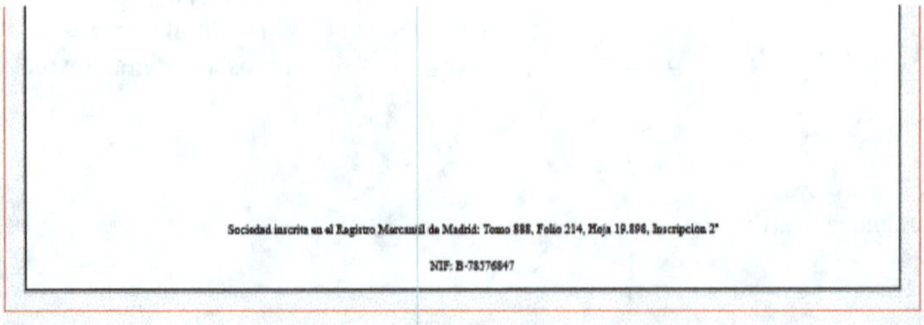

A continuación, crearemos la tarjeta:

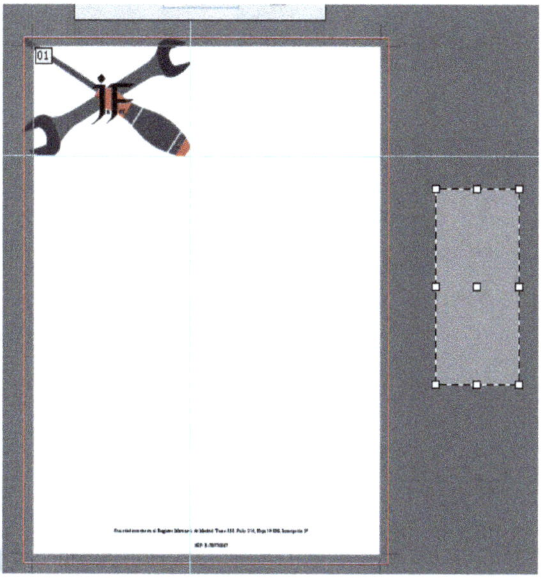

A la nueva mesa le daremos las medidas antes mencionadas para la tarjeta.

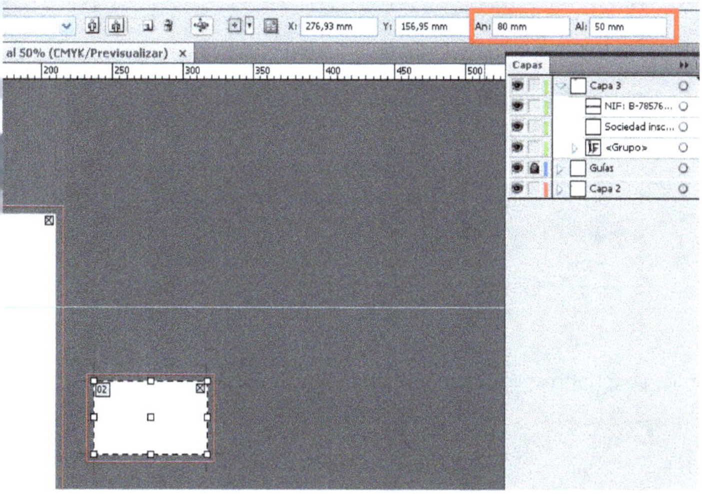

Una vez hecho, procederemos a rellenarla obteniendo este resultado:

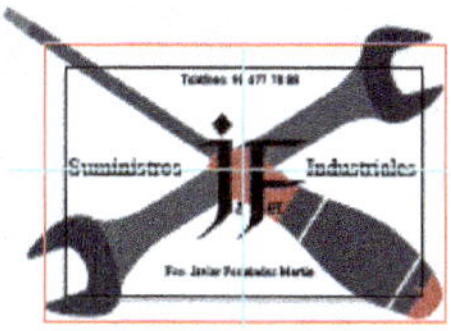

El dibujo, en este caso, queremos que acabe en sangre, dado que queremos que se recorte el logotipo.

Y a continuación, crearemos el sobre:

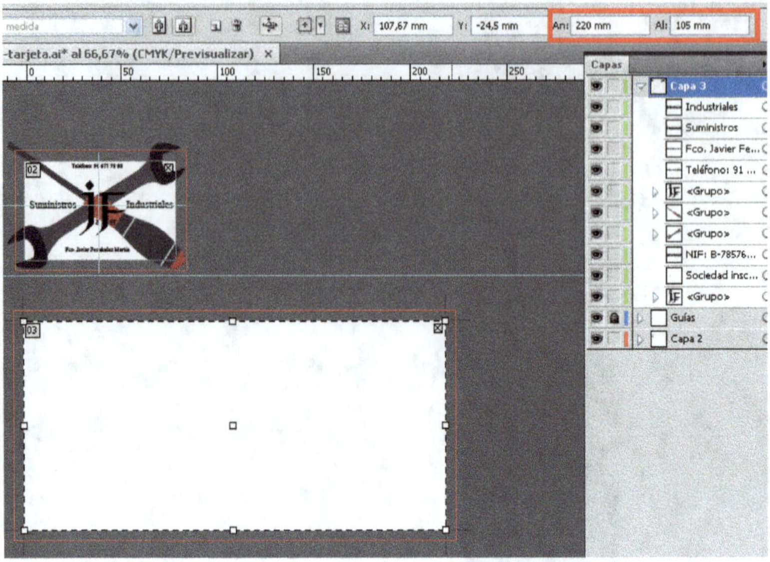

Una vez hecho, debemos pone el logotipo o lo que creamos conveniente, teniendo en cuenta, que el sobre lleva un sello y que puede tener ventana latera derecha.

Obtendremos algo así:

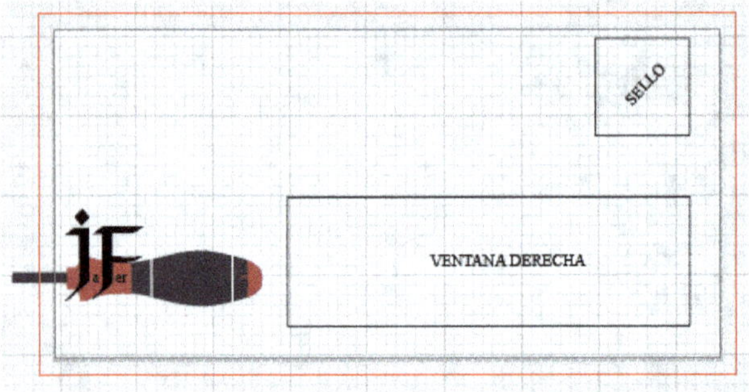

Por tanto, habremos concluido el ejercicio con esta vista de los 3 objetos:

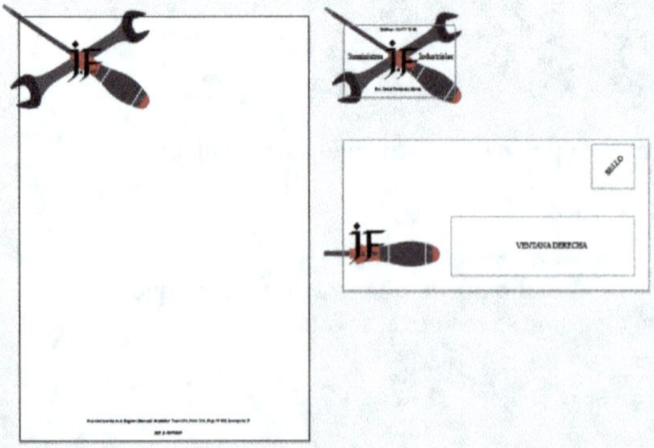

13.7.- Práctica 7.

Trataremos de hacer una revista de Coches…

Vemos algunos ejemplos:

Procederemos a hacer la revista:

Tamaño A4.

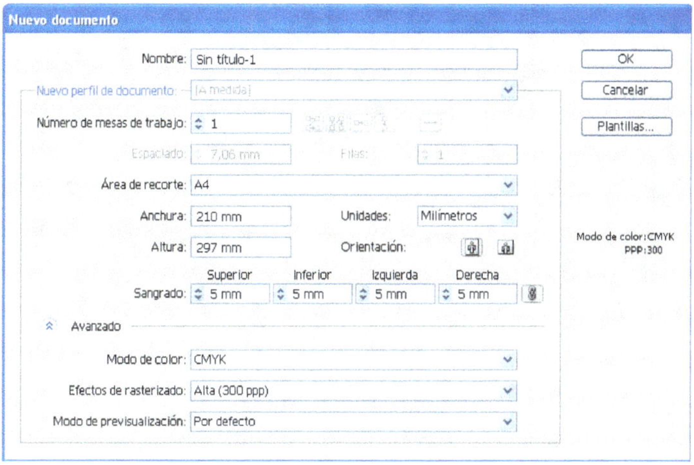

A continuación, iremos poniendo el título e imágenes… y obtendremos algo así:

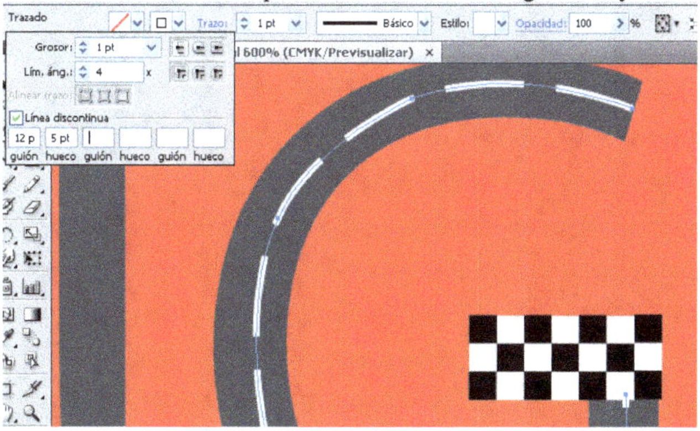

Para poner el título con forma de carretera… haremos un trazado, y le daremos línea discontinua.

www.ingramcontent.com/pod-product-compliance
Lightning Source LLC
Chambersburg PA
CBHW050735260726
48661CB00001B/249
* 9 7 9 8 8 5 6 9 8 8 8 0 1 *